# Red Market

On the Trail of the World's Organ Brokers,
Bone Theives, Blood Farmers, and Child Traffickers

# 人體交易

探尋全球
器官掮客、
骨頭小偷、
血液農夫和
兒童販子的蹤跡

Scott Carney
史考特・卡尼

姚怡平——譯

# 各界推薦

「史考特・卡尼帶領讀者踏上膽戰心驚的旅程，進入極為危險的全球化黑社會，面對歹徒和販運者，揭露人體交易的陰暗祕密。他的作品生動如實地描繪出令人難受的悲慘真相。」

——《喜馬拉雅高山謀殺案》（*Murder in the High Himalaya*）作者強納森・葛林

「《人體交易》是非小說類的驚悚紀實文，專業的研究報導，讓人的心裡留下了不可磨滅的印象。史考特・卡尼帶領讀者踏上極其發人深省的古怪之旅，如今，生與死不過是現金買賣的商品。」

——《死亡大辭典》作者邁克爾・拉爾戈

「卡尼先生在這本恐怖又迷人的書中提出了諸多倫理上的疑問，藉此讓讀者思考醫學的進步所引發的道德議題。該著作亦請讀者重新評估隱私、匿名、利他三者在目前『人肉交易體制』裡所扮演的角色，雖然思考此一問題令人坐立難安，但是人體就跟其他的商品一樣，都是冷酷的市場供需等式裡的物品。」

——《紐約時報》著名書評人角谷美智子

「《人體交易》是一篇篇內容引人入勝的記述文，描繪了為取得窮人的組織、器官、卵子和孩子，而剝削窮人的種種作法。史考特・卡尼生動記錄了掮客利用各地窮人在社會裡的弱勢地位，反覆採取類似手段設下騙局，藉以取得窮人的人體部位，供富人使用。他根據現場經歷所寫下的觀點令人信服，而他的詳實紀錄不啻是敲響了一記亟需的警鐘，規諫政府邁向改革，做好人民保母的角色，保護人民。」

——哈佛醫學院外科教授法蘭西斯・德莫尼克醫生（亦為器官移植協會二〇一二年理事長當選人，世界衛生組織器官移植事務顧問）

「卡尼運用小說家的目光，詳實描繪人物與細節，並秉持著記者揭發黑幕的天賦，針對多數人迴避了解的事物，提出麻煩棘手的問題。」

——BoingBoing.net 編輯科瑞．達克柯洛

「《人體交易》要是拍成電影，可能會贏得奧斯卡獎。」

——印度CNN-IBN電視台書評傑曼．約瑟夫

「《人體交易》提醒著人們，有些問題光靠科學是解決不了的。」

——英國《自然》雜誌

「《人體交易》是一場扣人心弦的冒險經歷，帶領讀者一探全球人體產業，並以機智的洞察力，探討背後的經濟因素。史考特．卡尼調查人們對於替代用人體部位那永不滿足的需求，講述人們為取得人體部位所採取的種種不可思議又往往令人不安的方法。」

——《長尾理論》作者克里斯．安德森

獻給我的父母

Linda Haas Carney

和

Wilfred Ignatius Carney Jr.

「假使有愈來愈多人購買血液這種活體組織，而血液也被當成商品販售，從血液交易中累積獲利，最終必定會受商業規則所轄治。」

——英國社會學家理查・笛姆斯（Richard Timuss）之著作

《贈與關係》（*The Gift Relationship*）

「印度境內其他地方，人們在說著要去馬來西亞或美國的時候，眼裡都閃爍著希望的光芒；但海嘯難民安置區的人，眼裡閃爍著希望的當下，卻是在說著要賣腎的事。」

——印度運動人士馬利亞・瑟文（Maria Selvam）

在賈爾岡（Jaigaon）這座位於印度與不丹邊境的小鎮裡，搜出了一袋脛骨。贓物庫裡還有100多顆顱骨，都是從墳墓裡盜取而來的——最有可能是瓦拉納西（Varanasi）的穆斯林墓園。我來到此處，原本是預期要找到那些即將送往美國醫學院的解剖標本，卻發現這些骨頭其實是要製成長笛，賣給不丹的西藏佛教徒。

# 前言：死路

副督察手上的香菸逐漸變短，他吸完最後一口菸，把菸蒂彈到窗外，菸屁股落在鄰國的土壤上。他所負責的這間警察局，是一棟外觀矮寬的混凝土建築，恰巧位於國界之上，甚至只要穿越房間，就有可能身處於鄰國的管轄範圍。副督察的職責就是監督世上最大的民主國家及其末代君主專制政體之間的走私品流動狀況，他花時間閱讀報紙，計算著自己和德里之間那段超現實的距離。他在襯衫口袋裡找菸，但菸盒已空。他皺眉，望向桌子對面，思索著我的要求。

「所以，你想看骨骸啊。」

我不確定他究竟是在問我，還是在陳述事實。坐在木頭凳子上的我移動了身體的重心，凳子一往前傾就嘎吱作響。我點了點頭。

這兩週以來，我在西孟加拉邦（West Bengal）境內仔細搜索著，恰巧有人通報了「人骨工廠」的消息，因此我立刻前往調查。一百多年來，印度鄉間的墳墓陸續遭人挖空，遺體被賣到國外，做為解剖示範用的骨骸使用。最近，人骨貿易的涵蓋範圍大為增加，在美國境內每一間教室裡的人骨肯定都是來自印度。雖然一九八五年時，印度政府已經禁止了人體組織出口，許多人骨販子因而被迫歇業。不過，仍有若干人骨販子至今依然存在，他們被迫地下化，而且正如人體市場的其他生意一樣，業務欣欣向榮。

我好不容易來到了印度和不丹的國界，將某位令人特別不快的解剖專家之供應鏈給記錄下來，據說對方與西方國家的公司仍有聯繫。雖然做這行的利潤很高，但是實際處理人骨的地方卻沒什麼好看的。那些位於隱祕地點的人骨工廠，其實只不過是河岸邊用防水帆布搭建的小棚屋，源源不斷的無數屍體就是在此處被縮減到只剩下最基本的部位。人骨販子雇用了盜墓人和自學而成的解剖專家，除去人骨上的肉，把人骨拋光成潔白的光澤，然後包裝出貨。當然，這門恐怖的生意並不受到當地人與警察的歡迎，因此人骨販子都在大家看不到的地方工作，我花了整整三個禮拜的時間，才終於找到一條線索。

當時某報紙刊登了一則短篇報導，說某間警察哨所在一次幸運的搜捕行動中，查獲了私藏的顱骨和骨頭。我心想，機會終於來了。於是經過長途跋涉，我來到了印度邊境的賈爾岡過境處。雖然賈爾岡每天有數千名旅客過境，但這裡並不以好客聞名。

「所以，你想看顱骨啊。」副督察假笑著。「沒問題。」

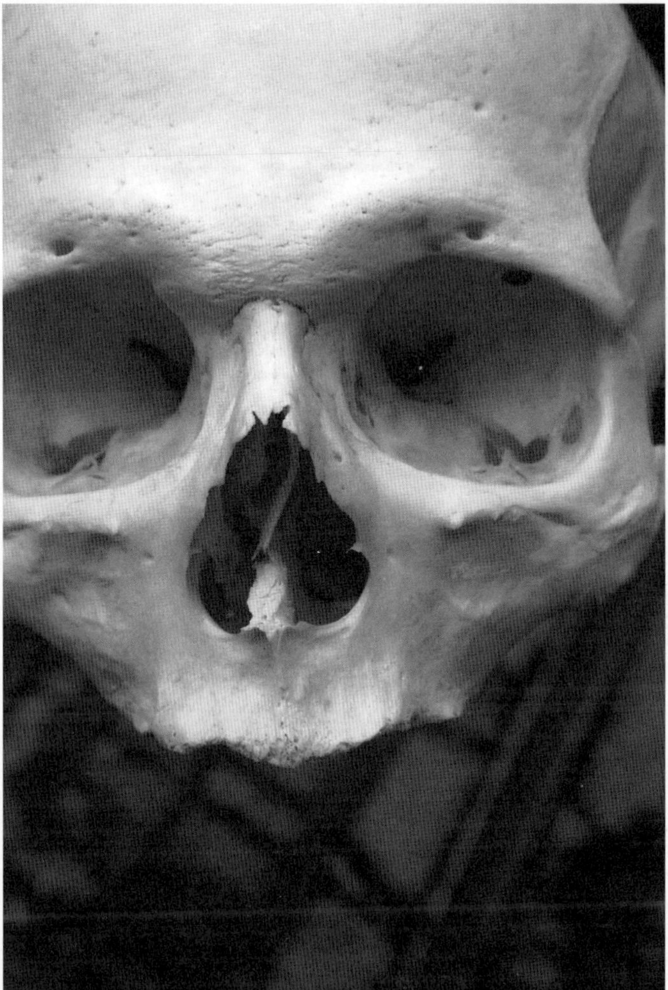

這顆人類顱骨是警方在印度加爾各答（Kolkata）城外搜出的私藏骨骸之一，牙齒已脫落，因此這個標本的價格遠低於較完整的顱骨。它聞起來有點像炸雞的味道。

他從辦公桌後起身，示意我隨他走到窗戶旁。玻璃窗上滿是塵垢，窗外可俯瞰印度這邊的國界。他指向隔壁那棟形狀矮寬的混凝土建物。「他們就在那裡設立工廠，三個房間裡都裝滿了骨頭。」在這個地點，交易商不用應付邊境警察，只要把一袋袋的走私品丟拋過牆，就能丟到鄰國去了。不過，把工廠設立在警察局旁邊，仍然是個拙劣的計畫。

「老實說，」他說：「這不是什麼大問題。我們原本還擔心那些人骨可能是謀殺案的受害者，因為印度好像沒有什麼具體的法律禁止盜墓，他們有可能最後都會被無罪釋放。」就算要以盜竊罪起訴他們，也會是個問題，畢竟那些骨頭的原擁有人現在都已經死了。

逮捕行動過後，警方將那些骨頭登錄為證據，以免屆時法院決定審理起訴。副督察的助理帶我來到一間遍布污痕的牢房，那間牢房兼作偵訊室與贓物庫使用。他拉出六個以編織尼龍製成的老舊水泥袋，其中一袋落在地板上，袋內的枯骨碰撞，發出響亮的聲響。他摸索了一會兒才打開了結，拉出一層透明塑膠布。

第一個水泥袋裡裝滿腿骨，有泥土的味道。從腿骨上黏附的土塊可看出，它們已經坐落在地底下好長一段時間了。少數一些脛骨帶有鋸痕，工人切除了球形端，現在外觀有如長笛的吹口。接著副督察把那條綁緊第二個袋子的棕色麻繩猛然一拉，一整袋顱骨露了出來。每一顆顱骨都被鋸成了好幾片，頭頂底下的部位已被去除並丟棄，只剩下一百片左右的頭蓋骨。

我仔細查看這些顱骨，不由得皺眉，這些不是我要找的顱骨，它們太過老舊，也太過精心處理。符合標準的解剖示範用骨骸必須在短時間內製備完成，而且會以有系統的方式，將骨頭清潔到實用的程度。骨骸一旦在土壤裡待得太久，胸有大志的醫生就不可能會認為這些骨骸能用於研究。此外，會有哪個醫生不想目睹骨骸的其餘部分呢？看來我是找錯了人骨販子，偷竊這些骨頭的人，所規畫的生意路線是不一樣的，他們的行銷對象不是醫生，而是僧侶。

不丹佛教的某些教派之所以獨具特色，就是因為其教義言明，要了解生命之有限，唯一之道就是在遺體旁長時間凝神沉思。因此，每一個家庭和虔誠的佛教徒都需要精心製備的人骨法器。最常見的，就是把脛骨雕刻成長笛，或把顱骨的頭蓋部分切割成法缽，所以才會有這幾袋的脛骨和顱骨。

又是一條死路，我已經習以為常，卻仍舊不由得心生訝異，我從來沒想過，遭竊的骨骸會有這麼多條販售管道。我拍了幾張相片，謝謝那些警察抽出時間。我耗費一天半的交通時間來到此地，終究是白忙一場。

我的司機發動引擎，駛離警察局的車道，車後揚起一團褐色塵土。我準備好面對漫長顛簸的回程之路，以及差點與對面車流迎頭相撞的驚險體驗。在如此貼近死亡之後，我突然有了一些想法。印度鄉間竟有兩組竊骨人馬競奪屍體，實在令人難以置信。人體部位市場是否只存在於國際貿易的邊陲地帶？究竟有多少種販售人體的方法？

如果在世界上如此偏遠的角落裡，都有人競相爭奪屍體，出口死人遺體，那麼在世界上的其他地方，或許也會有人從遺體中獲利。也許，人體的每一個部位，小至骨頭、韌帶、角膜、心臟、血液，大至整具遺體，每天都有人在進行交易。

我還不知道事實真相如何，這只是我研究調查全球人體交易的開端。我計畫要踏遍印度、歐洲、非洲、美國各地，尋找合法與非法的人體部位交易產業。人肉市集，遠比我想像中的還要大。

目錄

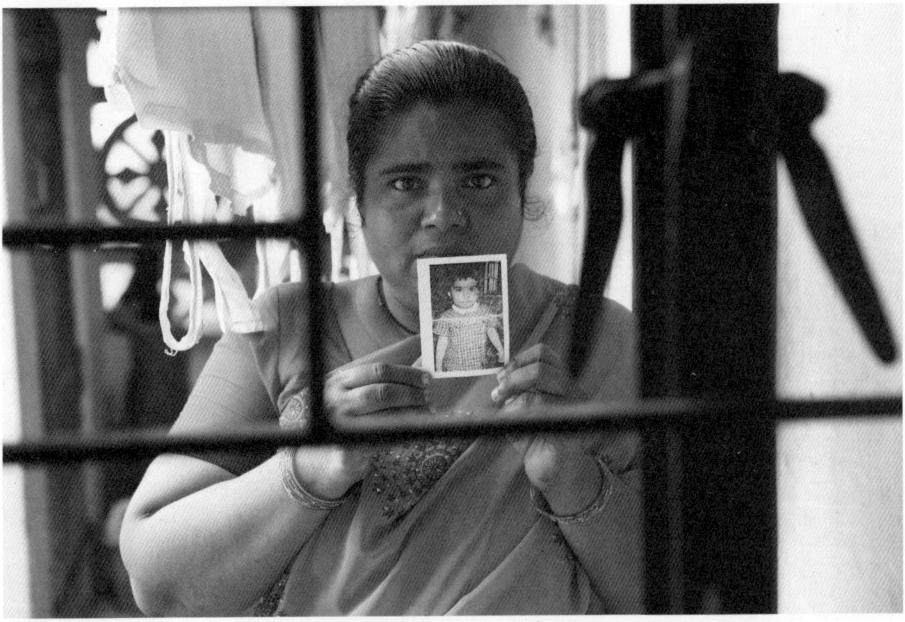

法蒂瑪找女兒莎賓已經找了快9年，綁票案的調查費用已經讓他們一家人破產，現在他們住在印度清奈的瓦舍門佩（Washermanpet），某棟建物頂樓一小間的混凝土棚屋裡。根據法庭紀錄，莎賓被送到澳洲，運動人士已花費數年時間，努力安排他們一家人團聚。

# 簡介：人與肉

我的體重接近兩百磅，棕色頭髮，藍色眼睛，牙齒齊全。就我所知，我的甲狀腺輸送適當的荷爾蒙到全身動靜脈總計十二品脫的血液裡。我的身高六呎二，所以有很長的股骨和脛骨，以及牢固的結締組織。我的兩顆腎臟功能正常，心臟也以每分鐘八十七下的速度穩定跳動著。從上述因素算來，我大約價值二十五萬美元。

我的血液可分離成血漿、紅血球、血小板和凝血因子，以拯救手術台上的患者性命，或者阻止血友病患者的血液不受控制地流出；我那些連接關節的韌帶，可以從骨頭上刮下，移植到奧林匹克運動員受傷的膝蓋裡；我腦袋上的頭髮可製成假髮，或可還原成胺基酸，做為烘焙食品的發酵劑使用；我的骨骸可做為生物教室裡最引人注目的存在；我的主要器官，如心臟、肝臟、腎臟等，可以讓器官衰竭患者延長性命；我的角膜可切下，讓盲人恢復視力。而即使是在我死亡後，病理學醫生也可以取出我的精子，幫助婦女受孕，而婦女的嬰兒也有其價值。

我是美國人，肉體可以高價賣出，但假使我是在中國出生的話，價格可就低多了。

醫生與掮客——無論是哪個國家——透過市場運送我的身體部位，光是提供這樣的服務，就能賺上一大筆錢，而且入袋的金額遠超過身為賣家的我。原來，無論是在器官市場裡，還是在鞋子和電子產品市場裡，全球供需法則都是顛撲不破的原則。

技工能夠把老舊的汽車零件換成新品，替嘎吱作響的接合點上油，讓引擎再度運作；同樣的，外科醫生也可以把壞掉的器官換成新的，延長患者的生命。年復一年，技術藩籬愈來愈低，流程也愈來愈便宜。不過，人體跟機器有別，並沒有一堆高品質的二手人體零件供人取用。於是，近年來有許多人嘗試製造人工心臟、腎臟和血液，但是跟真品比起來，實在沒什麼吸引力。人體實在是太過複雜精密，目前工廠或實驗室皆尚無能力複製人體。這就表示，為因應人體部位需求，目前的唯一之道就是在活人和剛去世的死者當中，尋找原料來源。

我們需要大量的人體原料，提供屍體給醫學院，讓那些未來的準醫生們能夠充分認識人體解剖學；領養機構把第三世界的數千名兒童送到第一世界，填補美國家庭單位裡的斷裂；製藥公司需要活人來測試下一代的超級藥物；美容產業每年要處理數百萬磅的人類頭髮，以因應消費者對新髮型永不休止的渴望。我們還說什麼在熱帶島嶼穿草裙的食人族時代呢，別再提了吧，當今人類對人肉的欲望程度才是史上最高的。

但是，若決定人體可以在開放的市場上交易，就會產生奇怪的魔力。多數人直覺知道，人類的特別之處不只是有形的存在（小至賦予質量的原子和夸克，大至維繫生存的複雜生理結構），還有那種僅會伴隨生命而來的存在感。在本書中，為了讓讀者理解我的文字，我假定人體是有靈魂的*。靈魂離開後，人體就會變成一堆物質。

雖然我們情願認為自己的身體是神聖的，不是市場上可以隨意翻找的貨品，但是人體部位的銷售活動其實很熱絡，每年器官交易金額高達數十億美元。全球人口將近六十億，供應量可說是相當充沛。就全球的供應量而言，有將近六十億顆的備用腎臟（要是夠冷血無情的話，也可以說有一百二十億顆），還有將近六百億公升的血液，角膜的數量也足以填滿一整座足球場。唯有一點會妨礙交易者賺取如此龐大的潛在利潤——交易者無權開採資源。

以兒童領養市場為例，目前，若某個家庭決定要將國外的貧困兒童帶回國內養育，

* 靈魂的存在或不存在，有其源遠流長和錯綜複雜的哲學和理論傳統信念，對此我沒有資格多加談論。但採用靈魂的概念，有助於剖析活生生人類的特殊性以及構成人體的純粹生理物質兩者間的差別。活人與死人之間的差別非常明顯，而活人所擁有的特殊性——無論那是什麼——就是本書的立基所在。

他們對孩子的身分其實只有模糊的概念，因此在尋找心目中理想的嬰兒時，只會根據可用的嬰兒市場，縮小期望範圍。他們會瀏覽國際領養機構發布的線上選單，閱讀報紙上對育幼院裡身心匱乏的兒童所做的報導，然後費盡心力決定哪些具體的特質會讓自己起了領養的念頭。

當然了，那孩子將來某一刻就會成為家裡的一分子，不過實際上要領養到孩子的話，就得涉及由中間人和腐敗的政府官僚所操控且又往往黑幕重重的供應鏈，而且許多中間人和官僚看待兒童的態度，也只比看待屍體要好上一些而已。唯有等到那個家庭把孩子帶入家裡後，那孩子才能從抽象的概念變成真正的人。

不過，我們對此一主題所抱持的道德立場並不重要，因為人體無庸置疑就是一種商品，令人不安的商品。人體做為產品時，並不是在工廠裡由無菌衣勞工組裝成新品，而是像在廢料市場裡的二手汽車那樣取得的。在你開支票取得人體組織以前，某個人必須把人體組織從一小個帶有人性的東西，變成具有市場價值的商品。廢料的價值是以金錢計算，但人體不僅是以金錢計算，還要根據血統，根據獲救與失去的生命所具有之無可言喻的價值，來計算其價格。購買人體就等於是擔負了人體來源的責任——在倫理道德方面要承擔，在前任擁有者的生理史與基因史方面也要承擔。這是一樁永遠都不會結束的交易。

在法律上，或是在經濟上，有三種市場：白市、灰市、黑市。黑市所交易的是非法的商品和服務，例如槍械和毒品的走私；而非法製造的DVD和未課稅的所得則屬於灰色區域；白市就是每一樣合法與檯面上的東西所隸屬的領域，例如從街角的雜貨店所購買的食品雜貨，每年都要盡職送交的所得稅等。這三種市場有一個共通點：交易品都有真實世界的價值，可輕鬆換算成金錢，金錢一經易手，交易就結束了。可是，人體市場卻不一樣，因為顧客能重獲性命與家庭關係，都要歸功於供應鏈。

歡迎來到人體市場。

人體市場所推出的是充滿矛盾的產品，社會對人體的忌諱，抵觸了個人對活得長久幸福的渴望。假使商品市場是用代數計算，那麼人體市場就是用微積分計算，每一個等式都含有零和無窮大的數字。人體市場的存在，是因為供應者和買家都發生了可改變人生的重大事件。無論買家承不承認，總之接受了別人的肉體，就等於是一生都欠了供應者。

由於有了這一層關係，加上人們在處理人體時不喜歡採用營利主義的用語，因此所有的人體市場在交易期間都採用了奇特的利他式語彙。人們不是賣出腎臟、血液、卵子，而是「捐贈」出去的。養父母不是在擴大家中人口，而是領養貧困的孩童。

然而，儘管有這些連結，人體和人體部位的金錢價值依舊穩固不墜，而且赤貧地區成長迅速的人口，也是讓供應量接近無限的一部分原因。

在埃及、印度、巴基斯坦、菲律賓，一整個村落都在賣器官、租子宮、簽字讓與死後的身體權的情形並不少見，當中包含被脅迫的交易，也有雙方都同意的交易。交易人體部位的中間人——通常是醫院與政府機構，但有時是最沒有道德的罪犯——會以盡可能低廉的價格買進，同時還向買家保證人體部位來源合乎道德。雖然採購過程有時令人厭惡，但是最終的銷售往往是合法的，而且其拯救人命的含蓄道德層面，也往往讓這類交易獲得認可。至於犯罪行為，則用「利他主義」的理想掩蓋過去。

在人體市場產生交易行為，使我們得要感激人體部位來源與最終結果之間的所有連結，這點和我們人生中所從事的其他交易行為並不相同，其他交易很少會像購買他人身體部位那樣，立即會有道德示警紅旗舉起。至於要如何才算是「合乎道德的來源」，這是人體市場中每一位潛在受益者必須認真思考的問題。

如果我們需要自己的身體方能存活，那麼身體的部位怎麼可以給別人呢？以活人捐贈器官為例，患者怎麼可以有權獲得健康者的器官呢？需要符合哪些條件，才能把第三世界的孩童送到第一世界呢？人體交易無可避免有其令人厭惡的社會副作用，亦即社會階層高的人可以取得階層低的人的人體部位，從來都不是反過來。即使沒有犯罪因素在內，但是未受限制的自由市場會有如吸血鬼，奪取貧民區裡窮困捐贈者的健康和氣力，把他們的人體部位送到有錢人那裡。

支持人體交易不設限的擁護者往往會表明，願意販賣自身組織者可以從交易中獲利，那筆錢應當能夠讓他們從貧困的深淵，躍升至較高的社會地位。畢竟，我們難道不是都能對自己的身體遭遇做出決定嗎？這當中的邏輯大概是這樣的，人體組織是社會安全網的最後一道防線，販售人體組織可以當成是救生索，讓人脫離絕望的情境。可是，現實在於，販售人體與人體部位者很少能目睹自己的生活獲得改善，而且社會學家很早就知道改善生活不過是幻想*。販售身體部位無法獲得長期利益，只會招來風險。

* 有大量學術文獻探討販售腎臟所招致的社會副作用。雖然有許多人積極支持器官市場，但是那類文章大都是由經濟學者和器官移植外科醫生所撰寫。如需若干代表性的研究範例，請參閱勞倫斯・柯恩（Lawrence Cohen）撰寫的〈疼痛之處〉（Where It Hurts），刊載於一九九九年期的《Dedalus》。亦可參閱馬達夫・哥雅（Madhav Goyal）等人撰寫的〈在印度販賣腎臟所造成之經濟與健康後果〉（Economic and Health Consequences of Selling a Kidney in India），文章名稱直截了當，刊載於二〇〇二年十月期的《JAMA》。亦請參閱本書的參考書目。

只有在一種情況下，社會地位的竄升速度才會跟人體部位一樣快，那就是一次賣出整個身體的時候，也就是嬰兒進入國際領養市場的時候。

全球的孤兒多達數百萬，表面上看來，領養可減輕這個重大的社會問題。兒童一律從社會邊緣的危險處境，進入經濟穩定且充滿關愛的家庭裡。然而，領養市場如同其他市場，也面臨了短缺的壓力。西方國家——占了大多數的國際領養案——想要膚色較淺的嬰兒，造成孤兒院偏頗某些種族。在美國國內，孤兒院成了一種不幸的透鏡，可觀察到美國的種族政治現象。白人孤兒往往沒多久就會被熱切的家長領養，而黑人孤兒常常則是在寄養家庭裡長大。

在美國以外的國家，問題就更加嚴重了，其嚴重程度的衡量標準並非在於種族地位，而是兒童的健康問題。因為在印度、中國、薩摩亞、尚比亞、瓜地馬拉、羅馬尼亞、韓國等國，資源不足的孤兒院會造成兒童的發育受到阻礙。在這些國家以及多數的第三世界國家，領養的經營模式跟香蕉市場很類似，這點聽來實在令人不快。假使兒童或香蕉存放得太久，在市場上的價值就不太高了。兒童在機構裡待的時間愈短，就愈有可能進入領養家庭，而孤兒院往往能從每一件國際領養案中，收取有利可圖的領養費。當兒童透過領養來提高社會地位時，若庫存量與轉讓契據有過大的差異，就表示領養機構需要提高周轉率或採用創新的方式，在很短的時間內獲得兒童。而要解決這個問題，則有合法和非法的方式。

截至一九七〇年代為止，全球各地都在嘗試人體部位的開放貿易。大家最先爭論的就是人體部位買賣是否合法，而最無爭論餘地的就是血液買賣的爭議。在一九〇一年時，當維也納科學家卡爾・蘭斯坦（Karl Landsteiner）發現了四種血型的存在時，便開啟了安全輸血的時代。在那之前，接受輸血就像是在玩俄羅斯輪盤，有時存活，有時痛苦地死在手術台上，外科醫生搔著腦袋，既困惑又挫折，他們不知道不相容的血型會凝結，造成患者死亡。蘭斯坦發現血型時，適逢第一次世界大戰，人對人的直接輸血進行了數十萬次之多，戰場上的士兵紛紛得以倖存下來。到了第二次世界大戰，血液銀行的貯藏量已經足以讓血液成為一大戰爭武器，使得士兵活下來打仗。抽血診所提供現金給願意提供一品脫血液的人，藉以因應激增的需求。血液隨時可用，這有一個立即的好處——醫生能夠施行比以前更大面積的手術，失血不再是手術過程的阻礙。這樣的發展更帶領了整個醫學領域往前大步邁進。

此外，這也表示募血中心成了一門大生意。截至一九五六年為止，美國境內診所每年購買的血液量超過五百萬品脫；十年後，貯藏量更達到六百萬品脫。募血商店在各大城市外圍的貧民窟裡迅速竄起，普遍得就像是今日貧民窟裡的支票兌現商店和當舖。在印度，多個全國工會聯盟與政府協商血液價格，不久之後，職業捐血人就在印度次大陸各大城市的貿易量遽然增加。

當時，血液的供應可救人性命，很少人會為了供應鏈的道德與否感到困擾。直到一九七〇年，情況才有了變化。當時英國社會人類學家理查・笛姆斯（Richard Titmuss）擔心人體市場會造成大家無法平等獲得進步的醫療，而他對此議題所抱持的道德立場，則是受到自己的國家——英國——之影響。英國在二戰期間發明捐血活動，數百萬人無酬捐贈自己的血液，為戰爭盡一份心力。即使是戰後，英國醫院所取得的血液也幾乎不用買，英國人認為捐血是愛國的表現，是應盡的義務。笛姆斯在《贈與關係》（*The Gift Relationship*）一書中，曾比較美國的商業體系與英國的利他體系，並提出兩大論點。

第一，笛姆斯證明了購買血液會導致血液供給裡的肝炎案例增加，造成醫院與血液銀行愈趨採用脅迫手段，來增加人類血液的貯存量。購買血液不僅是危險的行為，也是剝削的行為。商業採血會造成國家尋求盡可能便宜的血液來源，開始要求囚犯捐贈血液，笛姆斯把這種情況比作蓄奴制的現代版。笛姆斯說，其他的人體組織市場也有可能會迅速出現同樣的剝削現象。

第二，笛姆斯主張，解決問題的唯一方法就是創造出完全以利他捐贈為基礎的體制。他認為，血液捐贈體制不僅能拯救生命，還能為醫院創造利潤，此外，更可以營造共同體。他寫道：「做為社會一分子替陌生人付出的人，自身（或其家庭）最終都能做為社會一分子獲益*。」對笛姆斯而言，人體與人體部位應該僅能做為交換的禮物，你可以直接把它想成是血液社會主義。

儘管有主張血液商業化的遊說團體極力反對，但是顯然大家採納了笛姆斯的意見。於是美國通過法律，讓自願捐贈成為常規。付錢購買任何種類的血液，會被視為脅迫行為，且要處以高額罰款（不過，應注意一點，並非所有血液都是生來平等的，血漿就是當中的例外，血漿比較容易在人體裡再生，一直以來也是美國境內許多人經常用來賺外

* 出處：Richard Titmuss, *The Gift Relationship*（London: George Allen & Unwin Ltd., 1970）, 215.

快的方法），而這股趨勢擴及其他的人體組織市場。

一九八四年，艾爾・高爾（Al Gore）公開呼籲禁止付錢購買任一種人體部位，並進一步協助該項國家法律通過。他在美國參議院的議員席發表了著名的演說，其中引用了笛姆斯的這句話：「人體不應該只是備用零件的集合體。」當他在政府的議場裡援引了這番話後，參議院便表決支持《國家器官移植法案》（National Organ Transplant Act），明令禁止販賣人類器官與組織。之後世界各國起而效仿。今日，除了少數幾個顯著的例外，凡販賣血液、購買腎臟、為領養而購買兒童，或死前販賣自己的骨骸，在各國一律屬於非法行為。此外，他們同時還針對同意自願捐贈一事，設立了複雜的制度。人們在血液銀行捐血，簽署器官捐贈卡，在死後將身體遺贈給科學機構，這些全是免費的。理論上，以金錢交換人體部位者，可能最終會落到坐牢的下場。法律規定得一清二楚，購買人體是不對的行為。

只可惜，在人體生意的利潤公平方面，法律有其不足之處。這個由笛姆斯所勾勒且廣受其他各國採納的體制，有兩個致命的缺陷。第一，個人無法直接買賣人體，但醫生、護士、救護車司機、律師、管理人員等，全都能為自己提供的服務，開出市場價格。患者或許沒有付錢買心臟，卻肯定支付了心臟移植的費用。實際上，心臟的成本轉移到了取得心臟的服務成本。醫院與醫療機構愈趨從器官移植手術中獲利，有的甚至將收益分給股東。供應鏈裡的每一個人都賺了錢，只有實際的捐贈者一毛錢也沒拿到。在明文禁止購買人體部位後，醫院基本上可以免費取得人體部位。

站在顧客的角度來看，美國的器官移植生意很類似刮鬍刀製造商吉列公司有名的經營模式。吉列公司實際的剃刀把手費用微乎其微，但購買刀片的費用卻很昂貴。腎臟移植的情況也是如此。患者自然是不能購買腎臟，但一顆經過認證的二手腎臟，其移植費用卻將近五十萬美元。

正如所有經濟體系，免費供應原料只會引誘人找到新的方法來加以利用。在美國，發生幾種絕對緊急情況時就會需要可移植的人體部位，例如腎臟衰竭。這向來是不變的作法，一般也都不會對此產生質疑。甚至有候補名單竟然長達五年，這也在在證明了器官嚴重供不應求的狀況。不過，事實可能並非如此。

四十年來，美國的聯合器官共享網路（United Network for Organ Sharing）一直都在提高可用的屍體捐贈者數量，但卻始終趕不上患者對新器官的需求，候補名單只有變得愈來愈長。因為當有更多的器官可用之後，醫生會把那些新進且先前認為是不符資格的患者加入移植名單裡。隨著移植技術和醫療成效獲得持續改善，外科醫生也跟著發現捐贈者捐出的人類材料可幫助更多患者。然而，事實上器官的需求量並非固定不變的，但移植名單卻掩蓋了這項事實。名單的長度其實是受到可用器官整體供應量的影響，而需求量則是受到供應量的影響。好消息固然是，這種方式得以讓許多人延長生命，但是，擴張的潛力卻也是無限的。這表示我們不僅要關注器官可能具備的有益用途，也務必要了解一點，即器官摘取體制有可能會變得規模很大，且愈趨採取脅迫手段。

若訴諸比喻，就有如世界各國對石油產品的需求都是無限的。石油能源的創新，使得經濟、科技、社會方面都突然獲益，車輛的運用使得距離大幅縮短，夜晚有燈光，冬天有暖氣。不過，鑽探及耗盡這類產品，對人類而言可就不一定是件好事了。

笛姆斯模式的第二個缺陷，在於他沒有對醫療隱私權的基本標準做出解釋。有關當局或許能夠在個別捐贈者的紀錄中追查到捐贈者，但捐贈者的資料都是封緘起來，不受公眾的監督。捐血者的奉獻救了手術患者一命，但醫院以外的人根本不可能找出捐贈者的身分。血液被抹去了捐血者的身分，標註了條碼，倒入密封的塑膠袋裡。我們買的是血液單位，不是人體的一部分。主流的醫療邏輯觀念認為，若讓捐贈者與受贈者之間有了連結，有可能會損及整個體制，甚至也許會讓人們不願再捐贈自身的組織。

但如此一來，接受血液者不會覺得自己欠了某位捐贈者的人情，而是會概括感激血液捐贈體制，尤其是感謝動手術的醫生。接受活體腎臟的患者，無論是活體捐贈或屍體捐贈，很少會知道是誰放棄了自己的一顆腎臟。匿名雖是為了保護捐贈者的利益，卻也會讓供應鏈變得不透明。受贈者購買身體組織時，不用擔心身體組織最初究竟是如何取得的。這樣的醫療隱私權是煉金術的最後一道手續，讓人體部位得以變成商品。

在市場上隱匿原料來源，通常幾乎都是個爛主意。人們說什麼也不會讓石油公司隱匿鑽油平台的地點，也不會允許石油公司隱匿其環保政策。若鑽油平台故障，導致數百萬桶石油流入海洋，人們會要求石油公司負責。透明度是資本主義最基本的安全裝置。

而站在犯罪企業家的角度來看，目前的組織摘取體制無疑是完美無比的，可讓他們不受限地徹底剝削。由於政策規定僅能捐贈身體組織，付錢買身體組織乃屬違法行徑，因此許多公司會像石油公司投資鑽油平台那樣，在移植器官的基礎結構上投入鉅額的投資，而實際的原料價格往往貼近於零。同時，重視隱私權的漂亮說辭，又讓人無法得知人體與人體部位是經由何種途徑進入市場。匿名就表示器官買家在購買人體部位時，可以不用擔心來源，而且不會有人提出任何疑慮。捐贈結構把供應狀況隱匿於道德倫理布幔的後方，細膩處理掉道德倫理上的異議。匿名與捐贈是兩記重拳，使得拿走利潤的中間人得以掌控整個供應鏈，購買器官就像開支票一樣容易。

在某種程度上，本書調查了目前的組織摘取與人體採購體制所產生的問題。現今的人體交易行為，堪稱為史上規模最大、範圍最普遍、利潤最高的人體市場。笛姆斯的著作出版後四十年，全球化使得人體市場的發展速度和複雜程度都令人眼花撩亂起來，這並不是在指控批發制度，也不是在擁抱商業化。我們就活在人體市場裡，即使否認世上有經濟體制奠基於人體組織，人體市場還是不會這麼簡單就消失不見。無論我們喜不喜歡，世上最受尊敬的一些機構確實私下或公開買賣人體，而唯一的問題就在於他們是如何進行的。

大體而言，我並未側重於人體市場裡每天進行的數百萬筆交易。因為假使沒有移植技術、募血與領養計畫，人類無疑會面臨更可怕的後果。但我們亦無需關注人們在人體市場購買後過著快樂生活的幸福故事，因為那種故事講的只是世界對人體組織的需求。人體組織的運用方式並沒有那麼重要，更重要的是要了解人體組織如何進入市場。本書探究的是經濟等式的供應面，若不了解供應面，就永遠無法得知人體市場助長全球犯罪企業的速度究竟有多快。

利他主義與隱私權之間的衝突，削弱了兩者原本想要保護的高貴理想。人體市場供應鏈裡的每一個環節，在在使得人類變成了人肉。而負責買賣人體的掮客則扮演了屠夫的角色，他們把活人視為各個人體部位的集合體。

## 一切是如何開始的

二〇〇六年至二〇〇九年間，我住在印度清奈（Chennai），這座繁榮的沿海大城位於南印度斯里蘭卡北方數百英里處。在這之前，我已經在印度待了幾年的時間，在遍地沙漠的拉賈斯坦邦（Rajasthan）的大學課程研究民俗和語言，也就是在達蘭薩拉（Dharamsala）——達賴喇嘛流亡期間居處——附近。我知道自己想在南亞待上更久的時間，但並不確定自己將來是否要當個新聞記者。

我從威斯康辛大學麥迪遜分校人類學研究所畢業後，馬上就開始了短暫的專業學術生涯，當時我在印度教導美國學生一個學期。我負責的學生有十二位，我們行遍德里、聖城瓦拉納西（Varanasi），以及菩提伽耶（Bodh Gaya）這個朝聖中心。但在最後一站時，我的一位學生去世了，我和另一名負責人將她的屍體送回美國她的家人那裡。我有整整三天的時間都陪伴在她的屍體旁，試圖延緩那無可避免的腐敗過程。那次是我最接近屍體的一段經驗，她的屍體冷卻變色之際，人之必死的肉體本質赤裸裸地呈現在我的面前。

她的死亡尤其讓我明白一點，每一具屍體都有一位利害關係人。她從人轉變成物體後，人們似乎紛紛露面，要求取得她肉身可利用的部分。大多數的時間，我都在跟警方、保險公司、殯儀業者、家屬和航空公司進行協商，討論如何將她的屍體帶回國下葬。

雖然我當時並未意識到，但是這件事開啟了我對國際人體交易的認識。在某種程度上，由於發生了幾起我大都無法掌控的事件，才使得我不得不面對這個主題。本書的第一部分便會直接討論該起死亡事件，部分讀者可能會覺得內容令人不安，但這卻是無可避免的事。

當時在我的學生去世後，我便覺得自己已經無法再繼續教書了。因此，我開始替《連線》（*Wired*）與《瓊斯媽媽》（*Mother Jones*）這兩家雜誌寫文章，也在我位於清奈的據點，替幾家電視頻道與廣播電台寫文章。我的報導內容涵蓋了南亞的腎臟交易商、骨骸小偷、血液海盜、兒童綁架者所採取的經營手法。之後，我行遍歐美各地，把最糟糕的情況給記載下來。買家在購買人體部位前，必然會先有一連串的事件發生，可是在每一個案例中，買家大都不知道之前會有哪些事件發生，這點實在讓我感到詫異不已。

我認為人體市場很特殊，與一般經濟體系不同，這個想法始於我對印度人骨販子與腎臟小偷所進行的研究調查過程，而且這個概念涉及的不僅是被當作備用零件使用的人體。此外，不合時宜的利他主義與隱私權，也對喪葬業與領養產業造成嚴重的影響。但一談到人體這個主題，供應鏈卻總是相同的，這真是怪異。

我開始考慮將所有研究結果匯集成書之際，發現世上的不法人體市場比我想要涵蓋的還要多。美國境內有好幾起重大的太平間竊屍案，殯儀館會將家屬託付的遺體賣給人體組織供應公司，遭受褻瀆的屍體跟著就被大卸八塊，用於移植手術和肌腱更換，但本書並不提及這件事；有一些巡迴世界各地的博物館展覽，據聞展覽的是死刑犯的塑化遺體，本書也略過了這件醜聞；有一份報告表示，英國有超過十萬的腦下垂體遭竊，用於製造人類生長荷爾蒙，本書也同樣只有簡單提及；前一陣子，有報導指出，玻利維亞的一些連續殺人犯會把受害者的脂肪賣至歐洲美容公司，用於製造高檔市場的面霜，本書也沒有提到這件事。而隨著時間拉長，我的名單也跟著愈來愈長。例如，從一九九〇年代中期至二〇〇〇年，以色列軍隊在搏鬥中殺死巴勒斯坦激進分子後，便摘取了屍體上的角膜。甚至在更早以前的十九世紀，歐洲地區乾製首級的市場景氣大好，造成南美洲境內的部落戰爭四起。想要詳盡涵蓋每一個人體市場，實在超乎我的能力之外。

因此，我只希望本書能讓讀者站在新的角度來看待人體市場。若能看出這些市場之間的共同點，或許就能想出辦法，解決人體組織經濟體的問題。罪犯在經濟世界最黑暗的角落裡採取行動，但罪犯的存在全是因為我們的姑息所致。我碰到的那些掮客，幾乎是無所顧忌，用盡手段取得人體組織。他們隱匿了供應鏈，避免他人窺探打聽。而在他們背後的驅動力，正是資本主義買低賣高的簡單真理。

在多位貨主之間移動組織與人體，往往有利可圖，但同時中間人卻也開啟了通往危險濫用的大門。唯一能擺脫他們的方法就是讓陽光照進去，讓整個供應鏈從頭到尾暴露在外。每一袋血液都要能追溯回原始捐贈者，每一顆腎臟都要附註姓名，每一個代孕子宮都要能查出代理孕母的身分，而每一件領養案都要公開。本書各章分別探討不同的人體市場，並敘述了我所能找到的最重大、利潤最高或最令人不安的情況，讓讀者大略了解世界各地的各種人體市場。

目前，透過供應鏈追蹤人體組織來源的權力，幾乎都是掌握在行政機關的手中。一般而言，這類的機關往往資金不足，而且幾乎會跟他們理應監督的醫院和掮客相互勾結。國際交易根本無人監管。本書所涵蓋的每一個市場，充分證明了這類機關的失職行徑。我們不該盲目相信他們會安全控管人體從部位轉變成商業產品的流程，我更主張交易紀錄應該公開讓大眾知道。

雖然徹底的透明化又會招致許多不同的問題，甚至有可能會減少人體的總供應量。以英國為例，有一項新方案規定捐卵者的紀錄必須公開，這種作法幾乎終結了捐贈者供應卵子給不孕夫妻的現象。現在，英國婦女前往西班牙與賽普勒斯（Cyprus）購買卵子。

然而，採用透明化的作法後，那些不擇手段取得人體的掮客將不再有機會插手了。如果買家能夠追蹤到原生家庭、寄送感謝函，就再也不會有人因腎臟而遭人殺害或綁架；如果所有的領養案都是公開的，就再也不會有兒童遭人綁架，與父母分離；血液賣家再也不會被鎖在房裡達數年之久，就只是為了略微提高當地的血液供應量。

現在該是停止忽視人體交易、開始擔起責任的時候。

艾蜜莉死後一年，警長米斯拉（右）與史考特．卡尼（左）合影。米斯拉已獲晉升，出門時有兩輛越野車組成的護衛隊隨行，越野車上是一堆拿著機關槍的步兵。

第一章

# 人體煉金術

有那麼短暫的一瞬間，艾蜜莉*似乎毫無重量地懸在空中，她四肢的向上衝力即將屈服於地心引力。在她登上最高點後，物理現象會決定她的命運，不過她的身體仍是屬於她自己的。再一會兒，這次的撞擊就會立即引發一連串的事件，艾蜜莉這個人將停止存在，她身體的命運會落在別人的肩頭上。不過，此時此刻，在向上與向下之間的關鍵點，她是永恆不變的，甚至或許可以說是美麗的。她墜落之際，把她的頭髮向後吹的風，力道開始強了起來。

她撞擊在混凝土上，寺院的天井傳出回聲，不過，當時在凌晨三點仍清醒的少數幾位學生，並沒有做出反應。當晚早些時候，艾蜜莉還跟大家坐在一起，她說的話不多，接著就悄悄離開了。也沒人想到艾蜜莉不在場會跟天井的撞擊聲有關。在印度，這類的吵鬧聲響很平常，所以他們沒去查看，而她的屍體就靜靜躺在潮濕的青色月光裡。這裡是佛陀將近三千年前的悟道之地，這些學生都覺得自己何其有幸能在此處冥想。為了向佛陀表達敬意，這座城市取名叫「菩提伽耶」，意思是「佛陀成道處」。過去十天以來，這些學生施行禁語，在金色佛陀像的前方靜坐冥想。嚴格禁止說話，這令他們心煩意亂。最後，當他們終於可以再度使用自己的舌頭時，便興奮地熬夜聊天，像是夏令營最後一天的孩子們。

艾蜜莉死亡後，離她不過十英尺遠的我已經熟睡了一小時之久，我被白色蚊帳覆蓋著，安然夢見回到家鄉妻子那裡。接著，某個人推了我的肩膀，我睜開眼睛，看見一位蓄鬍的學生，紐約人。他驚惶失措地說：「艾蜜莉躺在地上，她沒呼吸了。」我憑直覺做出反應，馬上起身，穿上藍色牛仔褲和褪色的襯衫，衝到天井。

史蒂芬妮——本課程的另一位負責人——已經把艾蜜莉的屍體滾到了橙色的露營用睡墊上。艾蜜莉的右眼部分淤青，血液濡濕了她的頭髮。因為驚嚇過度，史蒂芬妮連我出現了都沒能招呼，她正摸黑努力想要讓艾蜜莉起死回生。她透過艾蜜莉的紅色亞麻襯衫，進行胸部按壓急救。醫療用品袋的內容物散落在露水沾濕的草地上，滿地凌亂散置著注射器和繃帶。史蒂芬妮每按一次艾蜜莉的胸骨，艾蜜莉嘴裡的血就隨之溢出。史蒂芬妮見這情景，嘴唇向上噘，表情扭曲。艾蜜莉仍舊沒有脈搏。

現在，寺院裡的每一個人都趕了過來，聚集在現場。某位棕色長髮、帶有奧地利腔的女人，一見血就跟著昏倒。同時我打了電話給人在美國的課程創辦人，告知壞消息。

掛斷電話後，我寫著筆記，打算撥電話給艾蜜莉的家人，此時三名學生正把她搬

＊在此處以及本書的許多其他章節，名字已做更改，以因應消息來源的要求或保護人們，以免遭受不良後果。

進生鏽的救護車裡。那是寺院的救護車，本是用來提供醫療服務給鄉間村民，今晚卻用來載送她的屍體。車子穿越乾燥的農田和熙攘的軍事營地，駛向唯一的一家醫院。二〇〇六年三月十二日凌晨四點二十六分，艾蜜莉抵達了伽耶醫學院（Gaya Medical College），到院已經死亡。

上午十點二十六分，我有如老了一歲。她遺留在房外陽台上的日記，寫滿了比喻文字，那些文字讓我懷疑她是自殺的。十天的靜心冥想，加上造訪半個地球外的國家所帶來的文化衝擊，顯然並不適合她。不過，這跟接下來所要面對的艱難任務相比，她的死因就顯得更無足輕重了。艾蜜莉的家位於八千五百英里外的紐奧良，返家的頭幾段路程就是要穿越印度鄉間乾燥不毛的荒原。前一天晚上，聖城瓦拉納西裡的鐵路樞紐附近，恰巧發生火車意外，通往伽耶（Gaya）的鐵路中斷，而當地機場也似乎沒興趣幫忙安排載運屍體。

在紅色的太陽從地平線上升起之際，兩名警察出現了。他們穿著綠色卡其制服，髖部配戴半自動手槍，蓄著翹八字鬍。他們已經在醫院看過屍體了，現在是過來問話的。

「她有仇家嗎？有沒有人嫉妒她？」警長米斯拉問道。他超過六英尺高，高大的體型引人注目，肩章上有兩顆銀星。他懷疑是謀殺。

「就我所知，沒有。」我回答。他那懷疑的語氣讓我全身僵硬。

「她的傷勢……」他停了一下，不確定自己的英文用語是否正確。「範圍很大。」

我帶他去看她墜樓的地點，那裡有一堆醫療用品，還有急救用品殘餘碎片，那些是我們努力救她卻不成後所剩下的碎片。他在筆記本上寫了一些東西，沒有再繼續提問，反倒請我去醫院，他要我做一件事。

數分鐘內，我坐在警用越野車的後座，同行的還有米斯拉和三位年輕警衛。那些警衛不超過十九歲，泰然自若地握著二戰時代的衝鋒槍。我們在路上顛簸行進之際，一支銀色槍管的老舊衝鋒槍就指著我的肚子，我擔心那把槍隨時有可能會走火，但是我什麼話也沒說。

坐在副駕駛座的米斯拉轉過身來，露出微笑。他似乎很高興能幫助美國人，這件新鮮事打破了他原本平淡無奇的警察工作。他問：「美國的警察是怎麼工作的？跟電視上一樣嗎？」

我聳肩，我真的不知道。

我看見另一台越野車在對向車道高速飛馳。隔著滿是塵土的擋風玻璃，我看到了一位棕髮的白種女性身影，是史蒂芬妮。當兩輛越野車經過彼此時，我和史蒂芬妮對望，她看起來很累。

數分鐘後，我們抵達了人潮擁擠且道路坑坑洞洞的伽耶市區。雖然伽耶是比哈邦（Bihar）的大城，但是離「開發」二字仍是遙遠的夢境。儘管中央政府已經盡了最大的努力，但封建制度仍是此地的治理原則。當今控管此城者，乃是大君時代治理此地的後裔。布滿黑泥的大豬在街上漫步，在垃圾裡嗅聞翻找食物，還發出呼嚕聲，要行人別擋牠們的路。有的大豬還在肉店旁邊，等人餵食。我們快速駛過時，屠夫正剝皮的羊頭切成兩半，把不要的碎片丟給店外的豬吃。一頭豬吸起一條丟出的腸子，像在吸一條義大利麵。

越野車轉了三個彎之後，進入伽耶醫學院區（Gaya Medical College），停在一棟混凝土建物的前方。遮陽篷上漆了亮紅色的粗體字：「CASUALTY（急診）」。在印度醫療機構的分類裡，這家醫學院連個補記都稱不上，這個脫離常軌之處，只能吸引印度最平庸的人才。伽耶醫學院興建於殖民時期，當時是由戴著遮陽帽、身上滿是曬斑的英國官僚治理這片土地。如今，伽耶醫學院卻連一丁點兒帝國建築的風格都蕩然無存，校區點綴了幾棟形狀矮寬的混凝土建物，以拮据的政府預算興建而成。印度大部分地區都已經騎乘在資訊技術的火箭上，突飛猛進，但比哈邦仍坐在發射台旁的大看台上。

我跳出車外，米斯拉帶我進入病房。一名身穿南丁格爾白色制服和帽子的護士向我投以麻木的眼神，她對悲劇已經習以為常。而在她的對面則是混凝土製的屍體放置台，上面就是艾蜜莉的屍體，艾蜜莉在破舊的毛毯底下冷卻。護士晚上拿來幾片薄紙板做為隔間，擋住好奇的眼光。瑞克——在寺院診所擔任志工的美國人——從入夜後就一直守在她的屍體旁邊。

米斯拉把那塊避免艾蜜莉受蒼蠅侵擾的裹屍布給拉開，她那飽受重創的遺體立即露了出來。她撞擊地面後幾小時，身體溫度下降了十幾度，降溫後，她的傷口更為明顯了。她眼睛下方的皮膚有深色的血漬，脖子根部鼓脹，看起來像是在墜落時弄斷的。她手臂上的痕跡在史蒂芬妮施行心肺復甦術時是隱而不顯的，現在卻是明顯清晰得有如軍隊的迷彩。

米斯拉要我跟他說，我看到了哪些東西，他好把她的私人物品登記在警方檔案裡。警方合法羈留她的屍體，要是有東西不見了，米斯拉就要負責。她穿著亞麻襯衫和長裙，長裙是她在德里觀光市場買的，右手腕則戴著一串木珠手鍊。

「什麼顏色？」他問，而且再度注意自己的英文是否正確。

「襯衫是 *lal*，紅色的。裙子是 *neela*，藍色的。」我說。他用原子筆在本子上寫了寫。傷口跟服裝上的符合。

就算他當時正想著這兩種顏色是很怪異的搭配，也沒能想多久。他的思緒立即就被輪胎壓到碎石子的聲音給打斷了，有人來了。

外頭，新聞記者已經停好了兩輛小型的Maruti Omni箱型車，他們像馬戲團小丑那樣從車內湧到停車場，一堆的人、音響器材、B級攝影機。記者的存在，有如這所醫學院，證明了邊緣化的現象。在印度的其他地方，新聞頻道相互競爭，搶先報導新聞；不過在這裡，新聞報導有如團隊運動，以今天的新聞報導為例，他們還一起搭車前來。十六個人尷尬的站在空蕩蕩的箱型車旁邊，此時兩位製作人根據攝影機和麥克風上的單色標誌，分配設備。

米斯拉走了出去，阻擋他們前進，或者是在跟老友打招呼也說不定。我站在病房裡，幾乎聽不到他們提高嗓門的聲音，但是我知道接下來會發生的事情。我透過鍛鐵大門偷看外頭，想要看到製片把藏在掌心的黃色盧比紙鈔塞到警長米斯拉手裡。雖然我沒看見交易過程，可是我知道，只剩下幾秒鐘的時間準備，他們要過來採訪了。

我把醫院床單拉回去，蓋住她的臉孔，走到病房的前頭。相機閃光燈閃了六次之多，我一時之間什麼也看不見。攝影小組把熱燙的黃色燈光投射在我的額頭上。接著，新聞記者把一堆麥克風放在我的面前，對我發射出一連串的問題。

「她是怎麼死的？」

「她是被殺的嗎？」

「是自殺嗎？」

然後，來了一句回馬槍：「你是誰？」

這些問題都很合理，但我不予回應。過去六小時以來，我的美國老闆一直嘗試聯繫艾蜜莉的父母，我還不知道他們是不是已經聽到消息了。也有可能在還沒聯絡上他們以前，美國新聞頻道就已經搶先報導了也說不一定。

現在，艾蜜莉這個人已經消失了，取而代之的是她的屍體所代表的問題。我們努力拯救她的生命時所存在的迫切感已經過去了，現在留下的是死亡所帶來的一連串必然。她留下的肉身脆弱、易腐，而且不知怎的，許多人開始關注起她的遺體來。

「不予置評。」我一面說，一面瞇眼望向攝影機無情刺眼的燈光。問題持續湧來，不過漸漸記者們的聲音沒那麼急迫了。某位攝影師的眼睛閃爍了一下，他們想要找角度拍她的屍體。我舉起手臂擋住他的鏡頭，但是穿著紅色 Polo 衫的男人抓住我的手臂，準備將我推開。我試圖拉著他，但失敗了，他放了手，我的身體轉了向。一瞬間，他們已經經過我的身邊，把蓋住她臉龐的裹屍布給拉了開來。

在刺眼的燈光下，她眼睛下方的血液變成暗紫色。那道傷口穿過顱骨裂縫，進入腦袋裡。在印度的電視上，死亡這個要角只僅次於珠光寶氣的寶萊塢名人。覆蓋住的屍體與腳趾標籤的高雅畫面是用在美國報紙上的，然而在印度的新聞裡，會先以無休止的個人悲劇蒙太奇手法，拍攝荒謬醜陋的情景，繼之拍攝死者的臉孔，舌頭下垂的駭人畫面。印度的死者可不會害怕上鏡頭。但如果我的責任就是保護艾蜜莉的話，那麼我的任務失敗了。

今晚，印度各地電視會播出最新的新聞快報：

美國學生死於菩提伽耶禪修中心。

警方懷疑是他殺或自殺。

在印度，不是每天都有美國人死亡。今天，她成為屍體後的名氣會比她活著時還要大。在這一則新聞變成下一則新聞以前，全國的注意力都會放在這個地點上。十億人都有機會目睹她那張失去生命的臉龐。

我努力擠回攝影機前，但是記者們已經開始走人，他們得到需要的東西了。

警長米斯拉用左手平衡著一根沉重的手杖，他臉上的表情有如萬花筒，同時表達出「你的五百盧比很有用吧」和「我不知道這些傢伙是怎麼繞過我的」。不過，這對記者而言已經不重要了，他們開始魚貫而出，進入等待的箱型車裡。司機發動引擎，他們衝往禪修中心，準備去偷看事故現場。

一分鐘前，病房裡還像馬戲團似的，現在卻有如墳墓般安靜。我沒別的事可做，只能繼續守夜。米斯拉向我微笑，聳了聳肩，然後回到外頭的崗位上。我再度一個人陪在艾蜜莉的屍體旁，新的現實來到眼前，我的學生慘死在印度的偏遠地區，現在我必須負責將她的屍體送回美國。她死後六小時，遺留下的軀殼與包裝不佳的厚肉塊之間，所差甚微。氣溫有可能在正午達到華氏一百度，要阻止腐敗過程，所剩時間不多。

我到醫院的櫃台，身穿南丁格爾制服的護士說，醫院沒有冷凍設備。此外，我必須等到政府規定的解剖驗屍過程完畢後，才能取回她的屍體。她建議我坐在屍體旁邊等醫生來。

我等了又等。

最後，有一輛小救護車停在病房外，那輛車的品牌和型號跟記者用的箱型車是同一款。這兩種車唯一的差別在於救護車移除了後座，以便放入輪床。兩個男人出現了，他們穿著領尖扣在襯衫上的皺巴巴商務襯衫，還有破舊寬鬆的長褲，說是要把屍體送去解剖。

他們粗手粗腳地把艾蜜莉放入救護車後面，發出砰的一聲悶響，接著在土路上開了半英里。我跟屍體一起坐在車子後面，車子迅速穿越醫學院區，最後終於停在一棟又小又破舊的政府建物外頭，鋁製屋頂上面還有幾個大洞。門上的牌子以印地語寫著「解剖教室」。解剖教室看起來像是已經十年沒人在這裡上課似的。幾處高起的平台上設有幾排座位，想必是為了讓學生更能看清楚解剖的屍體。中間幾排的一些椅子顛倒著放，整個空間都布滿灰塵和鴿糞。教室的前面是黑板，還有一張冰冷巨大的黑曜石桌。他們把艾蜜莉的屍體放在石桌上，用掛鎖鎖住門。

「醫生很快就會來了。」他們說完後，就退到角落後面，抽小根的手捲菸。我注意到建物外有遭棄置的衣物和好幾大叢的頭髮，顯然是先前解剖留下的。

他們抽完菸後，其中一人帶我去附近的一棟建物，這棟建物比解剖教室大多了。他們說，醫學院院長在這裡等著要見我。我到的時候，達斯醫生正在一大堆的文件上煩躁地扭著雙手，他那一小片烏黑的遮禿假髮略略歪了。

達斯醫生身兼二職，不但要處理醫學院的日常事務，還要為警方解剖屍體。有課時，他則教導醫學院新生有關法醫分析的全部細節，這也表示要在數十具送來他的太平間且無人認領的屍體上，重現傷口是如何形成的。這是很受歡迎的一堂課，所以這裡才會有四個陳列櫃，裡頭裝滿致命毒藥與潛在的殺人武器，比方說，劍、匕首、彎刀、螺絲起子、釘了釘子的板球拍等。陳列櫃最底下的架子，則擺了一疊犯罪現場相片，呈現屍體處於不同腐爛階段的情況。我們談話時，他不時凝視窗戶掛著的醫用骨骸。

「這件案例很特殊。」他開口。「死在這裡的外國人並不多，所以我們的處理方式必須十分謹慎，有很多人在注意。」

身為學生的艾蜜莉，只不過是穿著印度服裝、踏上心靈之旅、追尋聖地的少數美國年輕女性之一。現在她死了，成了一起迅速竄起的國際事件，警方的官僚體系、大使館的走廊、承擔白花花數萬美元將遺體遣送回國的保險公司，都在關注這起案件。

而我心知肚明，一切就取決於達斯醫生的死亡報告書。如果他認為屍體上的傷口可能是他殺所致，依官方規定屍體就必須交由警察看管，直到調查完畢為止。然而，這所醫學院沒有設施可保存屍體多天，把她留在這裡的話，屍體會嚴重腐壞，屆時航空公司將會拒絕將屍體空運回美國。

另一方面，如果他認為死因是自殺，警方就會快速結案。然而，他解釋道，她的家人——現在肯定知道她死了——信奉天主教，不會接受她自殺一事，因為天主教認為自殺者的靈魂會永久受地獄之火所燒。事實上，他們可能會要求額外調查，證明是其他死因。他緩緩搖了搖頭。

「你看看，真是兩難。」他憂慮地說：「要是她根本沒死的話，事情就容易多了。」

活生生的肉體與無生命的屍體之間，有一條細到無法察覺的區別線。死亡的問題就在於，一旦跨越了那條線，所有應對人體的方法規則也隨之改變。達斯醫生嘆了氣，望向房間另一端的助手，對方正拿著兩個空的寬口玻璃罐。

「也許我們該開始了。」他把手掌放在辦公桌上，費力撐起身體。他抓著一只黑色的藥袋離開辦公室，進入走廊，獨留我一人面對幾個裝滿醫療教學用品的陳列櫃。

我沒跟著他走，反而望著那個末端釘了一根生鏽鐵釘的板球拍，它就掛在恐怖的書櫃裡。鐵釘的尖端彎了，一圈乾硬的血跡輕輕垂在木頭上。一想到達斯醫生用板球拍打在無人認領的屍體上，重現傷口的模樣，我就不禁全身顫抖起來。接著，彷彿在我已經忘記手機的存在時，口袋裡的手機開始振動了起來。

在線路的另一端，半個地球之遠，穿越一個海洋的嗡嗡聲和劈啪聲而來的，是人在紐約的負責人的聲音：「史考特嗎？要請你幫一個忙。」

兩天後，低低的橙色太陽從恆河平原表面懶洋洋地浮起，緩緩上升，穿越天空。時間很早，但我整夜沒睡，筋疲力盡，眼睛布滿血絲。過去兩天，我在城裡搜尋可靠的冰塊來源，好讓艾蜜莉的屍體保持冷卻。最後在寺院的幫助之下，我將數百磅冰塊倒入她的棺材裡。棺材是我們在木工廠做的。在倒冰塊的時候，我盡量避免去看她的屍體。我們又一起把屍體移動了兩次：先是從驗屍室移到寺院，然後再移到一間小型的太平間，在這整件事的一開始，院方的行政人員竟然漏了說其實醫院裡有小型的太平間。

美國的法醫專家不相信印度的法醫，所以在紐約的老闆要我替艾蜜莉的屍體拍照，送回美國進行獨立分析。我手裡握著從學生那裡借來的數位相機。雖然她已經在這裡解剖，但是解剖結果永遠無法確定。老闆跟我說，要是沒照相，她的家人可能會提出異議，屍體可能永遠無法離開印度。

一輛警方越野車抵達我的旅館，載我去醫學院。我坐在一名警察旁邊，他配戴著衝鋒槍，腦袋向後傾，半夢半醒，眼睛忽開忽闔，似乎沒注意到槍管又再度指著我的腹部。我不由得心想，又經歷了同一個畫面。半小時後，我們抵達驗屍室，那個警察還在睡覺。驗屍室用掛鎖鎖住，一名頭髮灰白的助手翻弄著鑰匙，他的手指似乎無法控制地一直顫抖。他暗示我，只要有一百盧比，他的手就不會再抖了。

我努力繃緊神經，預期自己會心生排斥感。一想到要目睹她那具解剖後的屍體，就叫我恐懼不已。屍體是一回事，目睹外科醫生處理過的屍體又是另一回事。我不禁想，他們拿出的東西會不會不只是她的器官而已？會不會有更重要的東西不見？我的胃不禁翻騰起來。

一分鐘後，我進入驗屍室，盯著被擺在金屬輪床上的她。

醫生們已經用粗陋的工具把她從上到下切割成兩半，從脖根一路切到骨盆。他們切開肋骨，檢查心臟。為了查看腦部情況，還橫向鋸開額頭和顱骨。他們剝開她臉部的皮膚，額頭蓋住眼睛，頭皮往後拉。正如預期，他們看見顱骨內部積血。血液壓迫腦部，足以致死。

不過，外科醫生並未就此停止。他們切了幾片肝臟、大腦、心臟、腎臟，以便排除下毒因素。為判定她是否遭強暴，他們還取出了部分的陰道、子宮頸和輸卵管。他們把所有的器官集中放在三個寬口的大玻璃罐裡，罐子上標示著「內臟」。然後，快遞員把這些玻璃罐送到三百公里外的實驗室。最後，他們再把她縫起來，縫線既寬又不雅。

調查結果就跟解剖過程一樣殘酷。驗屍報告列出的正式死因是：「頭部外傷導致休克出血，傷口看似從高處落下所致。」

我的感覺跟之前預期的不一樣。有一種不同的——或許是更惱人的——情緒從我的胃部竄起，我的臉頰發燙。

我覺得很尷尬，她的傷口並不會讓我感到不安，我對傷口所做的心理準備，比我自以為的還要周全。令我痛惜不已的，反而是她的裸露。

艾蜜莉在世時，是個美麗的二十一歲女人，正處於人生的黃金期。她優雅健美的身材和儀態，足以讓其他女孩子羨慕不已，而她本人卻渾然未覺。她做瑜伽已有多年，身體處於生理健康的高峰，肌肉健美，皮膚完美無瑕。我所知道的艾蜜莉個性堅強，對周遭一切處之泰然。

不過，在這裡的她，裸著身體，已然死去。我現在所知道的艾蜜莉，比我想要知道的還要多。當她從機械裝置裡滑出來的時候，助手和我共同目睹了她私密的部分，那些原本是她的愛人才能享有的領土。她的內臟與某種防腐劑混合起來的味道，在空氣中幾乎可觸及；她的腿、臀、胸、胃越了界，似乎應該禁止才對。可是，死者沒有祕密。艾蜜莉一停止了呼吸，就失去了隱私。她跨越到另一個世界，在那裡，支配她的法律和習俗跟一週前不同。在這個世界裡，她的雙親需要女兒的裸體相片。在這裡，一群男人對著她的內裡研究著、辨識著、思索著，而她絲毫不退縮。無論我們願不願意承認，我們人生中最親密的關係就是我們與自身肉體的關係。死亡所帶來的最後侮辱就是失去對肉體的控制。

躺在台子上的她的身體軀殼，跟她出生且與之成長的身體比起來，少了一些東西。

傷口讓她的形體受到損害，不過，醫學院的病理學醫生摘取器官所造成的破壞還要更大，她被切割，內裡的一部分被送到該國另一端。這具屍體正是我們即將要訴說的故事，正是她的雙親哭泣的原因。但是，要把這剩餘的她稱作是「艾蜜莉」，或甚至是「艾蜜莉的屍體」，等於是在說謊。無論這要稱作什麼，都是殘缺不全的，而且再也無法回復到完整的狀態。

我們讓死者經歷了奇異的蛻變。此處，在這個台子上，她的皮膚是一件皮囊，重要的內容物都已經取出，俐落的縫線縫起了她空洞的體腔。死了的她是一個物件，有待剖析，有待分送給利害關係人，比方說，記者將她的影像販賣給網路，醫師負責解剖，雙親想要拿回全屍。現在，我也成了鏈子上的一環，我是死者的蒐集人和說書人。無論過去的艾蜜莉是誰，現在都已經消失了，留下的只不過是她的零件。每一個人的故事結尾都是一樣的，無人能成為例外。

我檢查了測光表，設定相機，準備拍照。我對著她的身體直按快門，快速連拍相片。我把她身體的每一吋都拍了下來，從她的腳趾一直拍到額頭深長的傷口。在不到一個小時的時間之後，她就會在前往德里的飛機上，接著，再從德里飛往路易斯安那州，最後她將穿著雙親特地為她買的淺藍色紗麗，入土為安。一位助手進來，抬起她的屍體，放入一輛正在等待的箱型車裡。但我知道，有一部分的我將永遠無法離開這個房間。

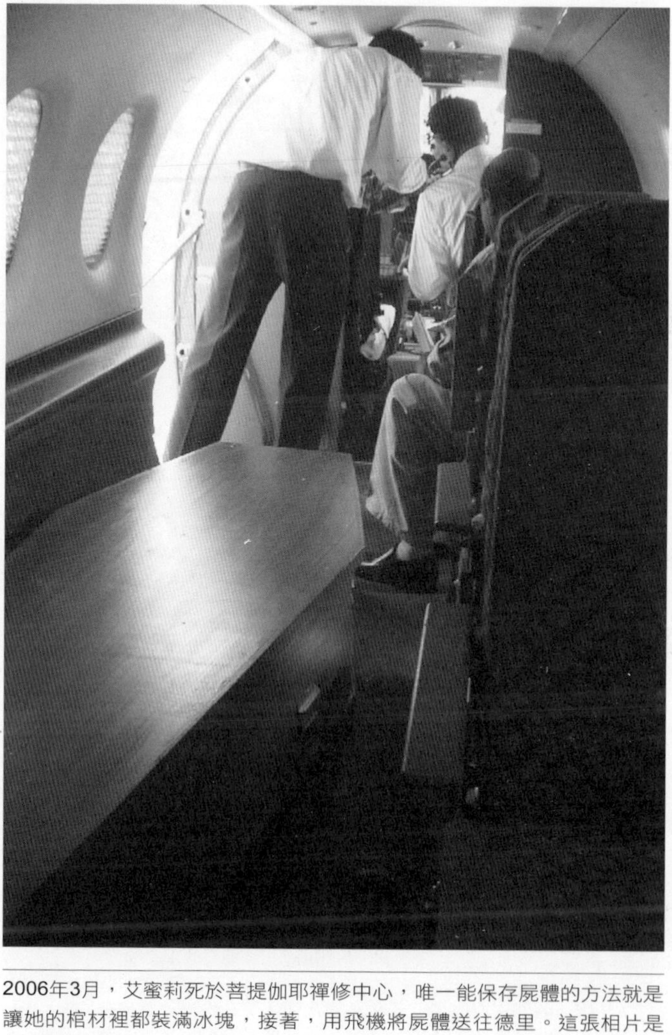

2006年3月，艾蜜莉死於菩提伽耶禪修中心，唯一能保存屍體的方法就是讓她的棺材裡都裝滿冰塊，接著，用飛機將屍體送往德里。這張相片是在飛機抵達德里時所拍攝的。

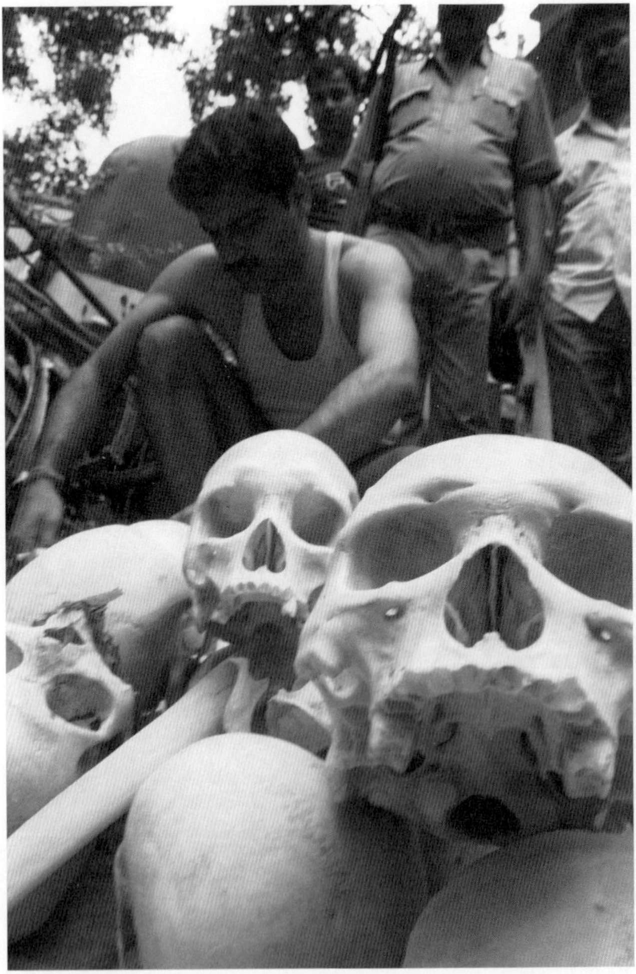

警方在某條河的河岸沒收了這些私藏的人骨，現在這些人骨放在印度西孟加拉邦普巴瑟里（Purbasthali）一個破舊的證物櫃裡。一群人骨交易商在墓地偷取這些人骨，打算將遺骸賣給美國的解剖示範用品公司。1985年，印度議會將人骨貿易列為犯罪行為，但還是有人靠人體遺骸賺錢。此次扣押的顱骨超過100顆，在美國市場上的價值超過7萬美元。

第二章

# 人骨工廠

一名穿著汗漬斑斑的汗衫和格子花紋藍色紗龍的警官，猛然打開了破舊的印度製Tata Sumo休旅車的後門——在印度西孟加拉邦的鄉間派出所，這輛破車已經算得上是證物櫃了。門一開，一百顆人類顱骨紛紛滾落到一塊蓋住小片泥地的破布上，它們摔在地上時發出空洞沉悶的撞擊聲響。這些顱骨因為在休旅車後座四處彈來跳去，所以多數的牙齒都已經脫落不見，骨頭和牙齒琺瑯質所構成的碎片在日益增加的頭骨堆周圍，有如雪花般撒滿四處。

站在車旁的警官露出微笑，雙手放在大肚腩上交握著，發出一聲滿意的鼻息聲，然後說：「這裡的人骨生意有多大，現在你可親眼看見了吧。」我蹲了下來，撿起一顆顱骨，比我想像得還要輕。我把它湊到鼻子前，聞起來像炸雞的味道。

在當局出手攔截之前，這些私藏的顱骨正在根基穩固的人體遺骸流通管道裡輸送著。一百五十年來，印度的人骨貿易途徑向來就是從偏遠的印度村莊通往世上最著名的醫學院。這貿易網絡所伸出的諸多觸手，染指了整個印度，還伸進了鄰國。我曾在不丹國界上目睹過類似的私藏物，但那些人骨要送往的市場並非醫學界；而現在，這些頭骨才是真正精心製備的醫學標本。

要取得骨骼標本，絕非易事。以美國為例，多數的屍體都是立即下葬或火化，為科學用途而捐出的屍體往往不是淪落到解剖台，就是骨頭被鋸子大卸八塊，有時還會被搜括到更有利潤的醫療移植產業。因此，用於醫學研究的完整骨骸大都來自海外，它們往往沒有經過死者知情同意，就送往目的地，此外，還違反了來源國的法律。

將近兩百年來，印度一直是全球醫學研究用人骨的主要來源，印度將標本洗到潔白光亮並裝上高品質連結零件的製作技術，更是世界聞名。不過，當一九八五年印度政府宣布人體遺骸的出口屬於非法行為後，全球遺骸供應鏈就從此瓦解。西方國家轉向中國和東歐，但這兩個地區出口的骨骸數量相當少，在製作展示品質的標本方面，經驗也不多，產品往往是次級品。

如今，印度禁止遺骸出口已有二十多年，但仍有明顯的跡象顯示，遺骸貿易未曾停歇。西孟加拉邦的人肉市場販子仍持續供應人類骨骸與顱骨，他們使用的是歷史悠久的老方法——盜墓，分離柔軟的人肉和堅硬的骨頭，然後把骨頭送到分銷商那裡，由分銷商負責裝配，送往全球各地的交易商。

雖然出口至北美洲的骨骸數量比頒布禁令前還要少，但這只不過是代表著取得的代價變高了而已，並非不可能取得。供應商眼前的誘因很大，這可是一門利多的大生意啊。比方說，我前方地面上的那堆顱骨，在海外預計可賣到七萬美元之多。

那名警官抓住破布的幾個角落，把證據捆成一包，開口說：「你知道嗎？我打從出生以來就沒見過這種事，希望以後別再看到了。」

一天後，孟加拉灣上空形成巨大的低壓系統，即將以洪水淹沒印度東北部的西孟加拉邦。在這場暴風雨登陸以前，已有八人溺死在洪水裡，因此報紙把它取名為「洪水啟示錄」。我正驅車前往普巴瑟里（Purbasthali）小鎮，它位於加爾各答城外約八十英里處。加爾各答是西孟加拉邦首府，二〇〇一年從Calcutta改名為Kolkata。警方就是在普巴瑟里發現加工廠，找到一堆顱骨。我租的Toyota Qualis在距離加工廠半英里處，卡在泥濘裡動彈不得，我只好跳出車外，改為步行。天空漆黑，雨水凶猛得令人窒息，大如拳擊手套的蟾蜍跳躍過泥濘的小徑。

二〇〇七年初，警察抵達此處調查時，據說在將近一英里外，就能聞到腐爛屍體的惡臭味。有一位警察告訴我，好幾條脊椎用麻繩綁起來，掛在支撐屋頂的椽子上。數以百計的骨頭，按照某種排列方法，散置在地板上。

這間人骨工廠已經營運了一百多年，後來因為有兩名工人在酒吧買醉，吹噓自己被雇來把屍體挖出墳墓而曝光。當時聽到的村民嚇壞了，把他們拖到警察局，他們就一五一十全招了。工人說，有一位叫作慕堤・畢斯瓦茲（Mukti Biswas）的男人負責經營工廠。當局知道這個人的底細。畢斯瓦茲在二〇〇六年時曾因身為盜墓集團首腦而遭警方逮捕，但一天後就獲釋，新聞報導說：「因為他政治關係良好。」此回警方再度羈押他，不過，沿襲前例，他被保了出來，之後便消失無蹤。

我在泥濘裡賣力前進十分鐘後，終於看到了煤氣燈的搖曳火光。我偷偷看著木構造房屋的門口，有一家四口正坐在泥土地面上，回望著我。

「你認不認識慕堤・畢斯瓦茲？」我問。

「那混帳還欠我錢沒還。」馬諾・帕爾回答。他年約二十來歲，蓄著薄薄的鬍子。他說，他的家族已在人骨工廠裡工作長達數代之久，畢斯瓦茲擁有工廠多久，他們就在那裡工作多久。他主動帶我參觀，我們沿著巴吉拉蒂河岸（Bhagirathi River）出發。

加工廠比竹棚略大些，屋頂是防水帆布。帕爾說，他所知道的人骨工廠就有十幾間，這只是其中一間而已。四月時，當局沒收了數堆骨頭、數桶鹽酸，以及兩大桶有待查明的腐蝕性化學物質。因此，現在工廠裡只剩下泥土地面，以及一個陷在地裡的混凝土大缸。

畢斯瓦茲是第三代人骨販子，對他而言，尋找屍體並非難事。因為他是村裡火葬場的管理員，聲稱有執照可處理死者。不過，警察卻跟記者說，他其實是在盜墓。他從公墓、太平間、火葬用的木柴堆裡偷竊屍體，死者家屬前腳才離開，他就馬上從火裡拖出死者。他雇用了將近十二個人，在去肉與固化階段照看人骨。帕爾說，他做這個工作，每天可賺一・二五美元。如果他能讓屍體的骨頭保持原樣不散開，使得人骨是一整具生物個體，而不是一堆混雜的部位（這是醫生極為重視的一點）的話，那麼他就能獲得紅利。

帕爾也說明了工廠的製造過程。首先，屍體用網子包裹，固定在河裡。約經過一週的時間後，河裡的細菌和魚就會讓屍體變成一堆堆零散的骨頭和糊狀物。然後，工作人員刷洗骨頭，再放入裝了水和氫氧化鈉的大鍋裡煮，溶解剩餘的人肉。但這個過程會讓骨頭的鈣質表面染上一層黃，為了讓人骨的顏色變成醫學用的白色，他們會把人骨放在陽光下曝曬一週，然後再浸泡在鹽酸裡。

畢斯瓦茲的顧客遍及加爾各答，許多骨骸最後是抵達加爾各答醫學院解剖學系的可怕病房裡。在那裡，當地的多姆人*會付現金給他。那裡每年有數百位醫學生畢業，而人骨就是醫學生不可或缺的教材。此外，他還將完整的人骨以批發價四十五美元賣給揚氏兄弟（Young Brothers）這家醫療用品公司，該公司用金屬絲將人骨連結起來，在解剖圖上繪製，然後鋸開部分的顱骨，露出內部結構。接著，再把處理好的人骨賣給世界各地的交易商＊＊。

我將手電筒往地板上照射，然後撿起一塊潮濕的破布。翻譯員低沉地發出嘶地一聲，說：「我希望你知道，那是裹屍布。」我立刻放下破布，在自己的襯衫上擦了擦手。

之後我從當地記者手上拿到一個手機號碼，透過這個號碼我開始追蹤畢斯瓦茲的下落，花了一週半的時間才終於搭上了線。他在不時發出劈啪聲的電話線路上說，當地警方決定不起訴，但他要被驅逐出境，如果我想要跟他會面的話，就必須經過警方同意，而且最好有當地警長同在一室。不然的話，警方可能會收回寬容的決定。

我在普巴瑟里警察哨所裡等他現身，雨水咚咚地打在黏土屋瓦上，承辦警員不斷替我添茶。我望向窗外就能看見幾個金屬大桶，裡頭裝有人骨工廠處理骨骸所使用的化學

＊譯註：Dom，印度種姓制度中，負責看守墓園的階級。

＊＊印度的法律有雙重標準，法律准許當地醫學生研究盜墓得來的人骨，但是把人骨賣給外國人卻是違法行為。這是因為禁止人骨生意的法律基本上屬於交易法，並非刑法。應該一律禁止人骨交易，才比較合理。

物質。終於，一輛英國殖民時期的大使級房車，用一對車頭燈的光束劃破黑夜，一位胖呼呼、年約二十多歲的年輕人打開車門，衝進哨所大門。那不是畢斯瓦茲，他決定繼續藏身不見人，改派兒子過來。

「這不是祕密啊，從我有記憶以來，這一直是我們的家族事業。」他代父親辯護道。他解釋說，總得有人經營河邊的火葬場*，不然就沒別的方法可以處理死者了。

那麼盜墓的事情呢？他回答：「那件事我不清楚。」

不過，要找到受害者，並非難事。

穆罕默德．穆拉．巴克斯（Mohammed Mullah Box），年約七十餘，身形憔悴，他在哈爾巴提村的一座小墓園擔任守墓人。每回有死者失蹤時，悲痛的家屬就會先來問他。今天，他沒有答案可給，也沒有屍體可給。他坐在一座空墳墓的邊緣，一顆淚珠從周圍布滿皺紋的眼眶裡流了出來，滾落到臉頰上。

數週前，幾位盜墓人潛入墓園，他鄰居的遺體才下葬不久就被挖走。現在，那位鄰居的骨骸可能掛在加爾各答的某間倉庫裡，準備送到西方世界的交易商手裡。

我問巴克斯，他會不會怕自己死後遺體被挖走。

「當然怕。」他說。

自十五世紀李奧納多・達文西繪製了人體素描畫後，人體解剖學的實證研究開始起飛，目前所知最早的整副人骨標本可追溯至一五四三年。隨著醫學的進步，大家期望醫生對人體內的運作方式有一系統化的認識，而到了十九世紀初，歐洲對人類遺體的需求量更是遠超過供應量。

英國坐擁世界上許多卓越的醫療機構，這也使得盜墓事件變得很普遍，大家都知道在某些墓園裡，悲傷的家屬和打劫的醫學生之間，上演著爭奪遺體的戲碼。不過，美國的情況可能更為悲慘，醫療產業的擴張速度比人口成長速度還要快。一七六〇年，全美的醫學院只有五家，但一百年之後，總數卻激增到六十五家。早期的美國人受各種疾病之苦，因而讓醫療機構的生意興隆了起來。這個發財良機的出現正表示，成為醫生就有可能實現美國夢。開設診所，並無階級之分，只要接受扎實的教育，付出堅決辛勤的努力，就能成為醫生。

＊譯註：印度的習俗是在河邊火葬。

整個十九世紀，醫學院的新生都熱切地想弄髒自己的雙手，可是屍體——研究用的原料——卻很稀少。歷史學家麥可・薩波（Michael Sappol）以十九世紀盜墓人為主題的偉大巨著《屍體交易》（*A Traffic in Dead Bodies*）就曾提及，解剖室就是醫生們培養革命情感之處，他們就是在那裡把自己鍛鍊成醫療專業人員。他們在實驗室裡把被竊的屍體分解成一個個的人體部位，藉以學習並建立信賴關係。不過那些剛嶄露頭角的醫生同時也很愛開黑色玩笑，以殘忍的事為樂。有無數的報告指出，一些醫生在醫學院的窗戶旁，用屍體擺出戲劇化的姿態，揮動著切下的四肢，害得外頭的行人頭腦混亂，不知如何是好。

盜屍本身就有如一種成年禮。一八五一年，《波士頓醫療暨手術期刊》（*Boston Medical & Surgical Journal*）就花了二十一頁將近整本的篇幅，報導查爾斯・諾頓（Charles Knowlton）醫生的職業經歷。在這本期刊中，作者讚揚檯面下的交易，寫道：「對他們而言，用解剖刀費力研究人體構造所獲得的益處良多，因此相較之下，挖掘屍體的風險就微乎其微了。他們渴望獲得知識，有如醉漢渴望酒般熾烈焦急。就是他們的這般精神，方讓醫學得以進步*。」

不過社會大眾仍普遍不能接受盜墓，因此醫生遵守基本規則，盡量把不滿的情緒降到最低。除了極罕見的情況外，通常不會去上層階級的墓園或主要為白人死者的墓園裡盜取屍體。他們盡可能解剖黑人屍體，或若干愛爾蘭人的屍體，亦即美國社會地位最低、收入最少的階層。爾後，美國與歐洲喪葬傳統有了變化，死亡變成了需要高度安全防衛的事件，因此在某種程度上，這是為了因應變化而採取的務實作法。由於盜屍事件層出不窮，因此富人的墓園有人看守，築起難以翻越的牆，挖的墓穴深度也比窮人墓園還要更深。殯儀館販售沉重的混凝土墓石，可放置在棺材上方，防止盜墓。有的殯儀館甚至提供防盜屍的警鈴，盜墓人的鏟子一敲到穹形墓穴，警鈴聲便會大作。

然而，有關當局卻選擇寧願忽略醫界犯下的盜墓罪行，認為那是必要之惡。醫生要讓活人健康的話，就需要死人屍體。逮捕情事少之又少，而且只會逮捕那些階層低下且為了牟利的盜墓人，至於雇用盜墓人的醫學院或沒付錢就挖出人體的醫學生，則不會受到波及。

由於當局不願意干涉掠奪屍體的醫生，因此怒氣沖沖的大眾，轉而開始動用私刑。

＊出處：Michael Sappol, "The Odd Case of Charles Knowlton: Anatomical Performance, Medical Narrative, and Identity in Antebellum America," *Bulletin of the History of Medicine* 83, no. 3（2009）: 467.

一七六五年至一八八四年間，全美各地有二十件因解剖而起的暴動。雖然各暴動事件的根源略有不同，但是大致上皆是因為盜墓人被當場捉獲，或者有探病者剛好看見認識的人就躺在解剖桌上，才使得大眾自動發起抗議行動。

那個時期的暴動似乎為《科學怪人》的高潮戲帶來了靈感。群眾往往在墓園集結，他們親眼看見了空蕩蕩的墳墓，接著行進到醫學院，丟擲石頭，揮舞火把。他們的目標就是要摧毀令人厭惡的解剖實驗室，但是這種作法依舊無法有效平息醫學院的惡習。在好幾起案例中，唯一能夠平息暴動的方法就是請求該州的民兵前來，他們向暴民開火，結局是又不免得讓墓園裡平添了幾具新鮮的屍體。在某種程度上，暴動只是做這門生意的代價之一。

因盜屍而生的怒火通常短暫易滅，在破壞財物後就燃燒殆盡，因此要激起政府真正改革，光靠一群群生氣的暴民是不夠的。事情一直等到蘇格蘭的兩位愛爾蘭移民構思出供應無數人體給愛丁堡大學的計畫，事情才有了轉變。

故事主角威廉・海爾（William Hare）在西港市（West Port）擁有一家破舊的宿舍，偶爾會有沒付租金的租戶死在裡面，因此他只好自行清理乾淨。有一次，當他正把某個破產又剛死的租戶屍體載運到墓園時，途中一位醫生攔住了他，說要出十英鎊買那具屍體，還說，要是海爾能弄到其他的屍體，他願意出同樣的價格買下。不久後，海爾就跟另一名租戶威廉・伯克（William Burke）做起了這門行當，兩人失心瘋地殺著人長達一年，共有十七名受害者死亡。這些罪行既陰森可怕，但卻抓住了大眾的想像力，所以在當時有無以計數的報紙和便宜的雜誌文章報導了這件犯行。而這個故事仍是本世紀電影的靈感來源。

伯克和海爾犯下的謀殺案，使得英國通過了《一八三二年解剖法》（Anatomy Act of 1832）。解剖法允許醫生認領市立太平間或醫院裡無人認領的屍體，因而大為限制了英國的盜屍行徑。美國也採取了類似的措施。

此時解剖法來得恰是時候。因為在世紀之交，解剖示範用骨骸除了是學習工具外，也變成了歐美醫生愛用的裝飾品和地位象徵。這些骨骸在當時是醫術的象徵，如同今日的聽診器與醫學院文憑。

根據薩波所言，這些骨骸要不是有意的缺乏醫用骨頭來源資訊，就是清楚指出這些掛著的骨骸來自「遭處決的黑鬼」，以便向主顧保證，「並未有辱白人社群成員的喪葬榮譽*」。

* 出處：Michael Sappol, *A Traffic in Dead Bodies*（Princeton: Princeton University Press, 2002）, 94.

唯一的問題只在於遭處決的黑人囚犯屍體供應量不足，因此，英國醫生把目標轉向英國殖民地。在印度，傳統上負責火葬的多姆人，被迫處理人骨。到了一八五〇年代，加爾各答醫學院一年就大量製造出九百具骨骸，大都運往海外。而一百年後，剛獨立的印度直接就掌控了人骨市場。

一九八五年，《芝加哥論壇報》指出，印度在前一年的顱骨與骨骸出口量多達六萬，供應量十分充沛，幾乎已開發國家的每一位醫學生都能購得一箱骨盒和教科書，而且只要三百美元*。

或許多數的商品都是經由竊取得來的，但最起碼出口是合法的。一九九一年時，印度解剖示範用標本出口商協會的前任理事長畢馬蘭度・巴塔查吉（Bimalendu Bhattacharjee）告訴《洛杉磯時報》：「多年來，我們都是在檯面上做事。沒有人在宣傳，但是大家都知道有這門生意的存在。」在顛峰時期，加爾各答的人骨工廠估計每年可賺入一百萬美元左右**。

另一家大供應商雷那司（Reknas）公司則是將數千具骨骸賣給了美國明尼蘇達州的基爾戈國際公司（Kilgore International）。該公司目前的負責人克雷格・基爾戈（Craig Kilgore）表示，當時從來沒有人談到盜墓的事情。他說：「他們告訴我們，人口過剩是一大問題，人們死在自己睡覺的地方，然後用手推車把街頭上的屍體推走。」

根據（現已不存在的）雷那司工廠現場相片顯示，穿著實驗袍的專業人士正以純熟的方式組裝一堆人骨。在人骨貿易的黃金時期，出口公司成了城裡最有聲望的職業選擇。人骨產業成了進入門檻低的成功路徑，有如殖民時期的美國醫生。人骨販子也受到市政府的支持，市政府會發許可證給人骨販子。人骨販子不僅處理無人認領的死者，還為市政府提供了收益來源——在印度其他地方的眼裡，這座城市原本早已過了全盛時期，但現在卻有了新的收益。

然而，要是不把骯髒的祕密掩蓋起來，這樣的利潤是不可能持久的。而且只蒐集窮人與當地太平間的屍體，這樣是不夠的。有的公司為了增加供應量，便在人死前，預先購買人體，誰要是答應死後捐贈出自己的屍體，就可獲得小筆現金。不過，自願捐贈方

---

* 出處：Mark Fineman, "A Serene, Spiritual Mecca Has Become a Nation of Assassins," *Chicago Tribune*, September 27, 1985.

** 出處：Mark Fineman, "Living Off the Dead Is a Dying Trade in Calcutta," *Los Angeles Times*, February 19, 1991.

案太過緩慢又不可靠，公司要是用這種方式運作，可能要花上好幾年的時間，才能取得一具特定的骨骸；而在同時間，新鮮的屍體已葬入土中，隨時可供取用。也因此正如殖民時期的美國以及英國的情況，骨骸用品公司將盜墓視為唯一的方法。歷史再度重演。

西方國家對骨骸的需求無可遏止，而誘人的現金也引人犯罪，因此西孟加拉邦的墓園都被盜得空蕩蕩的。一九八五年三月，再度發生了類似伯克和海爾案的謀殺案件，某人骨販子出口了一千五百具兒童骨骸，隨後立即遭到逮捕，因此整個產業嚇得暫停運作。由於兒童骨骸相當稀少，加上又可呈現骨結構發育的過渡階段，因此兒童骨骸的價格比成人骨骸還要高。印度的報紙上寫著，犯人為取得兒童的骨頭，綁架殺害兒童。

逮捕消息上報後，引起一片恐慌。在此件罪行遭起訴後數個月，民間義警仔細搜索好幾個城市，尋找綁匪嫌犯網絡的成員。同年九月，一名澳洲觀光客遭殺害，一名日本觀光客遭一名暴民毆打，原因在於有謠言說他們參與了這起陰謀。雖然這些攻擊行為本身或許已經足以讓印度人骨產業陷入泥淖，但是印度政府早已採取行動，在數週前，印度最高法院便對《進出口管制法》做出解釋，聲明禁止出口人體組織。

由於並無其他國家的競爭供應商，最高法院的裁決有效制止了國際人骨貿易，就算是歐美的醫學院懇求印度政府撤銷出口禁令，也是徒勞無功。

此後，天然人骨一直難以取得。醫學教育機構對新鮮屍體的貪婪需求，消耗了美國境內幾乎所有的捐贈屍體，而且不管在任何情況下，骨骸的處理都是一門緩慢又麻煩的生意，很少人願意進入這行。如果有出現高品質的標本，通常十分昂貴。狀況良好的完整骨骸目前零售價是數千美元，而且可能要耗時數個月甚至數年才能履行訂單。醫學生也不再購買骨盒了，因為醫學院通常會保留一定的存量，只有在標本受損或遭竊時才遞補。史丹佛醫學院則是每兩位學生可分到一半的骨骸——從中間劈開的。有這樣的方針就表示，許多設立已久的機構其實已經擁有所需的骨頭數量。現在最大的人骨買家則是世界各地的新學校，或是規模正在成長的學校，他們需要購買人骨以增添實驗室的配備。以開發中國家為例，便以巴基斯坦與中國最為顯著，許多醫學院的人骨來源仍舊是當地的墓園，偶爾要冒著激怒大眾的危險。然而，大規模的出口量已逐漸縮減。

在美國，部分機構開始改用塑膠複製品，但人工替代品並不理想。哈佛醫學院負責解剖課程備用品的山謬・甘乃迪（Samuel Kennedy）表示：「塑膠模型是單一標本的複製品，缺乏真正人骨結構會有的差異。」接受複製品訓練的學生永遠無法看到這些差異，此外，模型也無法達到完全的精確。甘乃迪繼續說：「製模過程捕捉不到實際標本的細節。但在顱骨的研究上，細節尤其重要。」

在美國地區，基爾戈國際公司等大型交易商，在當年進口人骨仍是合法的時代，大賺了一筆，現在全都在製作及販賣複製品。現在也正經營父親創辦的公司的克雷格・基爾戈說：「我父親會寧願不擇手段，也要重回人骨生意這行。他患有弱視，但還是會親自到辦公室來，只要他覺得某人有助於人骨的重新供應，不管對方是誰，不管對方在地球上哪個地方，他都會寫信過去。」

而其中部分的信函甚至抵達了難以預料的發源地。在禁令頒布不久後，他試圖在非洲大陸飢荒肆虐的地區，找出人骨的潛在新來源，當時一名奈及利亞的人骨販子告訴他，有一整個倉庫的人骨已準備出口，只要五萬美元，就能握有將近無數人體組織的來源。唯一的問題在於，款項必須以現金送達，交款地點在拉哥斯（Lagos）。

查爾斯・基爾戈年紀老邁，無法親自前往，便請兒子克雷格搭飛機前往奈及利亞，在希爾頓大飯店跟交易商會面。聯絡人說服克雷格一起進入車子，前往拉哥斯市的郊外，叢林旁廢棄的倉庫區。他回憶道：「要是進了那座叢林，有可能再也出不來了。」

就因為擔心會是陷阱，克雷格刻意開始用錯誤的名稱來稱呼那些他所感興趣的骨頭部位，而那幾位分銷商竟然沒有糾正他。也因此他察覺到有危險，便改口說服那些假販子，說錢放在另一個地點，他們必須讓他在那裡下車，這樣他才可以取款。等到那些人一離開他的視線範圍，他立刻坐上計程車，奔往機場，搭下一班飛機離開。之後，即使基爾戈和其他幾個美國國內的骨骸進口商搜遍了全世界，想找出新的人骨來源，卻從來沒能找到，這個產業落入了巨幅衰退的下場。

克雷格的父親死於一九九五年，沒能活著見到這行貿易重新興起。

揚氏兄弟公司的總部位於隱祕的巷子裡，夾在加爾各答城內最大的其中一座墓園以及最繁忙的其中一家醫院之間，外觀不像是數一數二的人骨分銷公司，比較像是廢棄的倉庫。生鏽的大門看似上鎖後就遭人遺忘十年之久，入口處的上方，公司招牌的油漆均已剝落。

這裡以前並不是這個樣子的。前任加爾各答衛生局局長兼西孟加拉邦在野黨領袖賈維德・艾哈邁德・可汗（Javed Ahmed Khan）表示，二〇〇一年時，這棟建築物裡的活動很熱絡。當時，鄰居都在抱怨揚氏兄弟公司的辦公室充斥著屍臭味，大堆的骨頭放置在屋頂上曬乾。可汗的個性半是鐵面無私的艾略特・奈斯*，半是正義凜然的拉

＊譯註：Eliot Ness，美國財政部查緝私酒官員，逮捕黑道梟雄艾爾卡彭入獄。

夫・奈德*。他是那種對警察的毫無作為感到不耐也樂於自行執法的政治人物，有時更會採取暴力手段，甚至在數起事件中鋃鐺入獄。以二〇〇七年為例，醫學院的某位醫生被控強暴可汗的選民，可汗因而攻擊該位醫生。

在二〇〇一年，當警方拒絕起訴揚氏兄弟公司時，可汗便率領一群惡徒，揮舞竹子，直接襲擊揚氏兄弟公司。場面有如十九世紀英美兩國民間動用私刑之景。

「有兩個房間裝滿人骨。」可汗回憶道。總共動用了五輛卡車才把人骨全都載走。他還奪取了數千份文件，其中包括了開給世界各地公司的發票。他說：「他們把貨品送往泰國、巴西、歐洲、美國。」

出口禁令實施十六年後，像是法律未曾生效過似的，我在廢棄船塢的後室裡與可汗會晤。他將我介紹給一位年輕女人，她戴著色彩豐富的頭巾，曾在一九九九年至二〇〇一年期間，擔任揚氏兄弟公司的事務員。她說：「我們以前經常依照世界各地的訂單出貨，常向畢斯瓦茲購買人骨。我看過的屍體超過五千具。」她要求匿名，以免遭到報復。揚氏兄弟公司每個月會從國外收到約一萬五千美元的款項，她還告訴我，畢斯瓦茲經營的人骨工廠不過是眾多工廠之一，還有其他的供應商和工廠遍布於西孟加拉邦各地。

而可汗的襲擊行動也激得警方不得不逮捕揚氏兄弟公司的老闆維納許‧亞倫（Vinesh Aron）。不過亞倫只在牢裡待了兩夜，就跟畢斯瓦茲一樣未經起訴，立即被釋放。今日，揚氏兄弟公司屋頂上沒有人骨。我在此地四處查探了一小時左右，還訪談了附近的鄰居，此時一輛白色箱型車停在公司建物旁，一名穿著粉紅格子襯衫的男子踏出車門，輕快走向房子側門，他敲著門說：「我是維納許‧亞倫。」

亞倫看見我在喀嚓喀嚓拍相片，於是更使力敲門，可是門內的助理開不了鎖。我努力想在短時間內丟出一個問題問他，但還沒等到我想出來，口譯員已經硬把麥克風塞到他的面前，問他是不是還把人骨運往西方國家。亞倫似乎亂了分寸，脫口而出：「那場官司我們贏了！」接著大門嘎的一聲開了，他迅速溜進了門內，在我的面前重重甩上門。

在後續的電話訪談裡，亞倫說他現在賣的是醫用模型和圖表，不賣人骨。然而，一個月後，我與某個手術器械用品廠商見了面，對方自稱是亞倫的姻親，還說揚氏兄弟公司是印度唯一的人骨分銷商。他那間位於清奈的小店，櫃台後方擺了幾個紙箱，裡頭裝

---

* Ralph Nader，美國消費者運動之父。

滿了罕見的人骨。他從其中一個紙箱裡，拿出一顆拳頭大小的胎兒顱骨，並露出微笑，好像他手裡握著的是稀有的寶石。他說：「在印度，就只有亞倫還做這門生意，就只有他有那個膽量。」然後，他說可以幫我挖人骨，只收一千盧比（相當於二十五美元）。

二〇〇六年至二〇〇七年間，揚氏兄弟公司的型錄上特別告知顧客，公司一律遵守法律行事，還分門別類列出人骨，標出零售價格，並註明「僅在印度境內銷售」。然而，不知怎的，印度的骨骸還是能運到國外。

在加拿大，奧斯塔國際公司（Osta International）向美國與歐洲各地販售人骨。該公司已經營四十年之久，號稱可立即訂貨，立即出貨。克里斯欽・魯迪格（Christian Ruediger）表示：「我們的業務量約有一半都在美國。」他與父親漢斯共同經營公司。

魯迪格承認，該公司貯備了來自印度的人骨，可能是違反出口法，從印度走私出口的。那些人骨是他多年前從巴黎某家分銷商取得的，不過，二〇〇一年，供應來源消失了，大約就是可汗襲擊揚氏兄弟公司之時。此後，他就一直向新加坡的中間人購買存貨。魯迪格拒絕透露對方姓名，他說：「我們希望能保持低調。」

我在調查期間訪談了三十家左右的機構，當中只有少數幾家機構承認過去幾年有購買人骨，但他們一律拒絕透露供應來源，也希望我不要公開細節。不過，奧斯塔這個名稱被提及兩次之多。某位在美國維吉尼亞州頗具名望的大學任職教授也表示了：「我向奧斯塔公司購買一副完整的人骨，還有一顆已切割的展示用人類顱骨，兩個都很完美。」

奧斯塔公司的另一位顧客是一家叫作丹斯普萊林恩（Dentsply Rinn）的公司，該公司提供塑膠模型頭，內含真正顱骨，這是用來訓練牙醫的。行銷經理金柏莉・布朗（Kimberly Brown）表示：「採購人骨十分困難。本公司規定顱骨必須合乎某種大小與等級，不能有某些解剖學上的缺陷。但是，我們對於來源卻沒有規定。」顱骨在英美兩國都是暢銷商品。

不過，其實印度當局對於人骨的來源也漠不關心。雖然國際人骨貿易違反了印度出口法以及當地禁止褻瀆墳墓的法令，但是印度官員卻假裝沒看見。西孟加拉邦副總警長拉吉夫・庫馬（Rajeev Kumar）更表示：「這不是什麼新鮮事，沒有證據顯示他們殺人。」警方之所以會開始注意畢斯瓦茲，單純只是因為幾位重要人士的屍體失蹤了的關係。他又說：「警方是根據社會大眾施加的壓力程度來執法的，社會大眾認為這不是很嚴重的事情。」

大家都認為醫界研究人骨是天經地義的事情；然而，其實必須事先告知死者，獲得同意後才能研究對方的人骨，但大家對這點卻沒有定見。印度人骨貿易的再度興起，反映了這類需求間的矛盾。人骨的供應主要源自於剛死亡的死者，然而從貧民窟居民身上活體摘取腎臟這個更危險的行當，也只不過是印度古老陋習的現代版罷了。

同時間，加爾各答的人骨工廠也開始重新營運。

揚氏兄弟公司外部。揚氏兄弟公司是印度加爾各答一家解剖示範用品公司。多位證人指出，自1985年禁令發布後，這棟破舊的辦公大樓就是印度人骨市場的中心。這裡的工人以前經常在屋頂上曬人骨，並在屋內清除屍肉。現在，辦公室仍在運作，但緊閉的大門後面所發生的事情，實在難以得知。

卡拉・阿魯穆甘露出腹部的一條長疤痕，外科醫生就是從這裡摘取腎臟。雖然她在這張相片拍攝前幾個月就動了手術，但是她仍然難以工作。她賣腎賺取了1,000美元。

第三章

# 腎臟探勘

二〇〇四年聖誕節翌日，一場地震撼動了印尼班達亞齊市（Banda Ache）的海岸，致使數道衝擊波迅速越過海床，累積成一股巨大的能量，重創印度與斯里蘭卡的海岸。這場海嘯奪走了二十萬條人命，災難讓許多家庭破碎，湧出的難民潮也無止無盡。正當非營利組織與政府單位不斷提供大量援助，努力在重建災民生活之際，卻有一些企業型醫院和器官掮客，把這場悲劇性的災難視為兜售難民腎臟的發財商機。

海嘯難民安置區（Tsunami Nagar）位於印度的坦米爾那都邦（Tamil Nadu），這座難民營專供海難倖存者居住，裡頭人人一貧如洗。在安置區，最受敬重的人士是一位曾是漁夫的馬利亞・瑟文先生。這兩年以來，他為了國際社會承諾給難民的基本資源，與印度政府官僚之間不斷地起爭執，為的就是希望自己所負責的三個安置區的難民，全都能夠再度靠海維生。我在海嘯發生將近兩年後與他會面，當時難民營裡盡是一列列糟糕透頂的混凝土房子，只比牛隻的繫留場好上一些。未經處理的污水直接排入屋旁的陰溝內，就業機會就跟兒童的教育機會一樣罕見稀少。

瑟文是村子裡唯一的民選官員，對難民而言，已經等於是個名人了。他的相片貼在建築物的側面，以及難民營正式入口的大鐵門上方，只是受歡迎的程度已每下愈況，當地年輕人用石頭砸破他的肖像海報，還把牆上貼的相片上的眼睛給鑿不見了。而他犯下的罪，其實是試圖阻止器官流出海嘯難民安置區。

瑟文說：「以前，一個月只有一名婦女會把腎臟賣給掮客，最近的情況糟了很多，一週約有兩名婦女，我知道自己得做點什麼才行。」

就在我們講話的同時，院子另一端有一名穿著藍色與鮮黃色紗麗的婦女正對著他皺起眉頭來。她的年齡看似約略四十五歲，但我認為印度貧民窟的生活艱辛，因此她應該只有接近三十歲而已。她的紗麗對摺處上方袒露出腹部，一條三十公分的疤痕邊緣凹凹凸凸，橫越腹部。瑟文告訴我，在這裡，幾乎每一位成年婦女都有那樣的疤痕。他說：「我沒能力阻止。」

海嘯捲走他的村子數週後，政府將兩千五百名的居民從豐沛的漁場撤離，重新安置在這片毫無用處的土地上。安置區旁邊就是一家巨大的發電廠，發電廠把電力送往清奈，但諷刺的是，安置區內停電的狀況卻非常普遍。其實村民所需要的東西並不過分，他們只希望有魚網和小型的三輪黃包車，這樣漁夫就能把村裡的漁獲送到市場上賣。於是等到政府重新安置村民後，瑟文便向高等法院施加壓力，要求法院送來其所承諾的現金與資源。

但是，他的申訴卻遭受漠視。二〇〇七年一月，他受夠了，於是在海嘯發生的兩年後，剛好有一場會議即將在清奈最有權力的其中一位大法官面前召開，他決定拿出手中剩下的唯一一張王牌。

他的計畫很簡單，讓被迫販賣器官的窮困婦女親自說出證詞，如此一來，法院就會感到愧疚並提供援助。畢竟，那些法官聽到政府的毫無作為助長了絕望程度，怎麼可能不對村民的困境感到同情呢？

在擁擠的社區中心裡，法官傾聽了瑟文那令人喘不過氣的證詞，而一堆勇敢的婦女也自願說出親身經歷。婦女們說，腎臟掮客一直以來都是個問題——即使是在海嘯發生前也是這樣——但是，現在的掮客變得很殘忍。婦女們露出疤痕的同時，瑟文熱切地等待法官能打開國家金庫，送來資金。

可是，事情沒有按照計畫發展。雖然法官是仔細聆聽了，但是補助金卻被綁在可憎的印度官僚體制裡，並非是因為缺乏司法命令而無法發放補助金。而且更糟糕的是，聽眾裡的五百名男女發現瑟文把他們的祕密給洩漏出去，幾乎要暴動起來。把婦女的疤痕公諸於世，使得整個村莊都蒙羞了。村裡的每一個人都知道自己很窮，但是窮到要賣器官，卻又是另一回事。年輕人大喊著，那些應該是私事，他竟然公開，讓村裡婦女的名譽掃地。

揭露真相並未促使政府將他要求的魚網和黃包車送到難民營，反倒讓村裡的骯髒祕密暴露在媒體面前，當地報紙開始報導醜聞，不久之後，國家層級的醫療服務部發現證據，印度共有五十二家醫院涉及了印度史上最大的聯合盜竊器官案之一。

不過，即使瑟文沒有達到自己當初所設定的目標，但是這次的調查卻變成是一個對抗腎臟販賣的良機，可讓掮客和腐敗的衛生部門官員受到指責。最後這件醜聞引起大眾的強烈抗議，迫使國家層級的部長不得不做出官方回應。

回應的工作就落在坦米爾那都邦衛生署長拉瑪常德蘭*的頭上。他是前政黨街頭鬥士，姓氏前面有著一連串堅不可摧的英文縮寫，這是大家都知道的事，而當某位政治對手把一罐酸性化學物質丟向他的臉之後，他在官場的位置更是跟著步步高升（他臉上的疤痕讓他在政黨會議時特別顯眼）。不過大家沒料到的是，他竟然放棄採取警方行動，這讓當地人都訝異不已。拉瑪常德蘭並未打算讓法院審理這個議題，而是想斡旋解決。他不假思索，立刻召集印度頂尖的移植醫生齊聚一堂開會，要他們發誓停止販賣器官，

* K. K. S. S. R. Ramachandran，南印度人名字的前面通常是一連串的縮寫。南印度人並沒有像西方人那樣有姓氏，縮寫通常是代表著出生地、父親的名字和宗教的歸屬。我根據此一習俗，全書也只列出縮寫。

並試著改用更多的屍體。他決心讓醫生自我監督，這等於只是做做樣子，稍稍略微申斥，就輕放了醫界。

但是此舉並沒有消除大眾的怒氣，大眾仍舊想找出罪魁禍首加以處罰，因此逼得他還是必須做出一些讓步。最後拉瑪常德蘭為了展現自己會以強硬手段打擊犯罪，於是衛生署關閉了兩家規模最小且設備最差的療養院，而且這兩家療養院跟非法移植並沒有關聯。此舉讓清奈市的其餘移植團隊全都鬆了一口氣。即使有明確的文件紀錄顯示，數十名外科醫生涉及前一年共兩千多件的非法腎臟移植案，但是幾個月內，清奈的那些人仍繼續重操舊業，如常經營。

當印度財富日益增加之際，瑟文以及數千位貧困的坦米爾人卻永遠無法平等分到一杯羹，因此，處於艱難時期，販賣器官有時仍是唯一的途徑。

「印度境內其他地方，人們在說著要去馬來西亞或美國的時候，眼裡都閃爍著希望的光芒；海嘯難民安置區的人，眼裡閃爍著希望的當下，卻是在說著要賣腎的事。」他如此告訴我。

海嘯難民安置區發生的憾事並非特例。第三世界的可用器官供應量充裕，第一世界

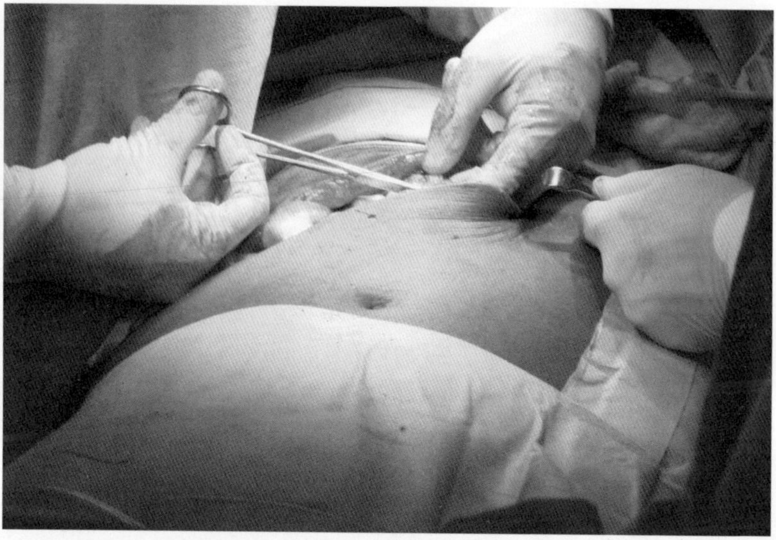

印度清奈某醫院進行腎臟切除手術。2006、2007年，在別名為「腎臟村」的海嘯難民營裡，幾乎所有的婦女都曾販賣自己的器官給掮客和中間人組成的陰謀集團。印度與國外的患者都湧入此地，用折扣價購買人類器官，以免去家鄉漫長的等候時間。

的等候器官捐贈名單長之又長，令人痛苦難耐，因此器官掮客成了一門有利可圖的職業。過去四十年來，腎臟的需求量持續穩定上升，而且世界各地的窮人往往把自己的器官看成是重要的社會安全網（social safety net）。

自從環孢靈（cyclosporine）等抗排斥藥物發明後，由醫生以及腐敗的道德委員會所構成的國際陰謀集團，已逐漸把埃及、南非、巴西、菲律賓的貧民窟變成了名副其實的器官農場。器官生意背後的骯髒祕密就在於，永遠不缺自願賣器官的賣家。

對於每天以不到一美元的金錢過活的人而言，賣腎的八百美元差不多稱得上是一筆天文數字了。這筆款項等同於是過度的鼓勵及強迫，赤貧的小蝦米如何對抗得了資本家的全球企業呢？

假使器官匱乏情況能夠像代數問題一樣，簡化成數字，那麼要為美國器官移植等候名單上的十萬人找到活體捐贈者，也就不是一件難事了。他們很容易就能找到第三世界的賣家，而且往往是解決問題時最經濟實惠的途徑。而在印度醫院接受移植手術，費用也約為美國的二十分之一而已。

這當中的經濟利益實在太誘人了，因此有好幾家美國保險機構也想分一杯羹，比方說，印美保健（IndUShealth）和聯合團體計畫（United Group Programs）這兩家機構經估算後發現，在美國國內進行長達數年的透析療法，不僅費用昂貴，而且最終仍會致死，相較之下，國外的腎臟移植手術費用便宜多了。而這些公司與印度、巴基斯坦、埃及那些應要求就幾乎可立即安排器官移植的醫院之間，恰巧都有著密切的關係。這類的外包醫療方案十分誘人，二〇〇六年二月，西維吉尼亞州議會考慮為州政府雇員提供一種正式健保計畫，讓選擇在國外醫院接受移植手術的患者可享有退款獎勵。在本書出版時（二〇一二），該條法律規定仍待決，然而整體的情況似乎沒有什麼變化（應注意，印美保健的網站聲稱他們會支付移植手術費用，但尋求活體組織的患者必須自行安排捐贈者，不過只要有合適的醫院聯絡人，就相當容易找到捐贈者）。對受贈者而言，人體市場在臨床上的優勢勝過於合法競爭。一般而言，活體捐贈的移植成功率高過於屍體捐贈，相較於接受腦死患者器官的患者，花錢買活體腎臟的患者通常活得比較久。

然而，儘管活體器官的費用較低，也較能延命，不過這種跨越司法管轄地購買組織的行為，是毫無道德理據的。雖然掮客能夠讓購買器官變成一件易事，但是器官賣家卻沒說賣器官讓自己的生活變好了。

幾乎每一位在海嘯難民安置區裡的婦女都會說，在自己最絕望的時期，器官販子卻利用了她。有一位名叫羅妮的婦女就抱怨，自從手術後，她就連走在村裡的泥土路上，都痛苦得難以忍受，必須一小步一小步分次走才行。

羅妮的麻煩開端始於丈夫失去捕魚工作後就開始成天喝酒。在一直缺錢的情況下，羅妮在女兒佳雅結婚時，就連簡單的嫁妝都沒能力送，所以佳雅的婆婆和新婚的丈夫就把氣出在佳雅身上。他們強迫佳雅做額外的工作，動不動就打她，盡可能讓她的生活過得痛苦不堪。不到一個月，當佳雅回家看母親時，便試圖喝下一夸脫的殺蟲劑自殺。

羅妮發現女兒昏倒在家裡的木板床上，趕緊抱起女兒，背她去當地醫院。那裡的醫生處理過多位殺蟲劑自殺患者，因此醫院裡已備有中和劑。數小時後，醫生讓她的情況穩定下來了，只是必須待在加護病房一週以上。不過，羅妮根本負擔不了住院費用，而要是沒有付款保證書，就必須停止治療。他們對羅妮說，妳必須想辦法盡快籌到錢，不然妳女兒就會死。

那些年，海嘯難民安置區早已有好多人賣掉自己的腎臟，一些愛挖苦的當地人開始把那座難民營稱作是「腎臟村」。腎臟仲介儼然成為家庭手工業，賣過腎臟的婦女介紹朋友賣腎。掮客慣常會開出高價碼，說一場手術可拿到三千美元之多，但等到賣腎者動手術後，通常掮客只會把當初開價的一小部分金額施捨給賣腎者。在這裡，大家都知道這是詐騙，可是那些婦女卻為其開脫，說被敲竹槓總好過於什麼都沒有吧。

剛好羅妮的一個朋友在一年前賣了腎，她跟羅妮說，有一個叫作達娜拉希米（Dhanalakshmi）的掮客在清奈的提婆吉（Devaki）醫院外，開了一家茶館，用來掩護真正的買賣——在黑市裡供應器官。達娜拉希米先預付了九百美元給羅妮，好讓她用以支付佳雅的住院費，並答應手術後再給兩千六百美元。達娜拉希米同時也講明了，要是羅妮反悔，就會找打手來擺平事情。

進行器官移植前，羅妮提供了血液和尿液，以便證明自己符合買主的配對條件，買主據說是一位有錢的穆斯林婦女。等到羅妮的血液被認定符合配對條件後，羅妮就被送到清奈的綜合醫院，接受器官移植授權委員會的倫理審查。

該委員會的職責是負責確保所有的器官移植手術均屬合法且沒有金錢交易，有權可在第一時間監督及阻止腎臟詐騙的出現。儘管該委員會的宗旨崇高，卻很少落實章程，還常常核准由掮客經手的違法器官移植手術。委員們小心翼翼地掩蓋自己的行徑，讓移植手術看來處處合法。只要委員會的審理會議是跟著器官賣家與買家雙方都了解的默劇進行著，那麼委員會就可以說已經盡了全力確保交易是合乎道德的。畢竟，出現在委員會面前的每一個人都已經發誓要說實話。達娜拉希米指導羅妮，要她只在對方問話時才開口，還給了她一袋偽造的文書，接著就一溜煙走了。羅妮還說，有時在審查會之前，達娜拉希米會先付兩千盧比賄賂，好確保一切順利。

當時，還並不只羅妮一個人待在委員會的等候室，同時還有另外三名婦女也在那裡等著賣腎。

「我們一次進去一個人，（委員會）就只是問我願不願意捐腎，然後簽文件。很快就結束了。」羅妮如此表示。

文書作業處理完畢後，羅妮就進了提婆吉醫院動手術。手術按計畫進行了，可是復原卻比她預期的還要費時。她的鄰居——就是當初把她介紹給達娜拉希米的那位朋友——坐在她的病床邊，沒日沒夜照顧著她。不過，三天後，當她的傷口還在流出液體時，醫院卻叫她出院回家。又過了一週，當她回醫院檢查時，那些醫生統統都假裝不認識她。

同時，羅妮術後等待復原的那段期間，掮客卻不見蹤影了，她馬上就發現自己是被騙了。

現在，她的體側會痛，害她沒辦法做唯一能找到的工作——在當地的建築工地打零工。我問她值不值得，她說：「應該要阻止掮客，我真正的問題是沒錢，我不該為了救女兒一命，跑去賣腎。」

另一個案例是瑪莉佳，三十三歲，住在海嘯難民安置區外一英里處。她說，她幫人洗衣，靠微薄的工資度日，她想要脫離貧困的生活，才決定賣器官。我在她那只有一間房間的小屋裡採訪她，而她所居住的那條街充斥著腐魚和開放式水溝的臭味。她滿身大汗，但她不怪罪清奈那無可忍受的炎熱，她怪罪的是醫生摘除並賣出她的腎臟後，術後照護非常差。

在海嘯蹂躪清奈的數天前，一名叫拉吉的掮客——目前在碼頭附近經營一家茶攤——說可以幫她解決金錢問題*。他的交易似乎簡單易懂：三千美元買她的腎臟，預付七百五十美元（即使是現在，她一想到那筆現金，仍不由得露出微笑）。數日內，她就收到一張上面是假名的文件，碰到的狀況就跟羅妮的一樣，官僚體制的障礙已經清除，沒有問題了。不久之後，她就打包好，前往馬都萊（Madurai）。馬都萊是坦米爾那都邦的一座小城，拉吉黑市網裡的幾位成員，負責帶她前往國際知名的阿波羅醫院的分院，把她交給醫生。他們摘取她的腎臟，將腎臟移植到器官移植團裡某位有錢的斯里蘭卡人身上。根據警方紀錄，那個人付了一萬四千美元買這場手術。不過術後的復原期卻比瑪莉佳預料中還要久，她有整整二十天都沒辦法回清奈。院方拒絕提供膳宿給她，就連術後藥物也是她自掏腰包買的。等她終於回到清奈後，拉吉卻說，他連一盧比也不願意多付給她。

她求拉吉付錢，但求了兩年還是沒有結果，便向警方投訴。她指控拉吉詐騙了她的器官，但是警方卻有不同的看法。警方以器官交易的罪名逮捕拉吉，還揚言要逮捕她，

＊我還沒解釋一個令人吃驚的巧合，印度各地的器官掮客經常都是在經營茶攤做為副業。也許這是因為攤商往往認識許多窮人，他們只負擔得起一杯兩盧比的茶，其他的什麼也買不起。騙這些窮人賣器官，最是容易。

因為她同意賣腎。

「他們兩個都犯法了。」警察總署裡的一名便衣警探如此表示：「若起訴其中一人的話，另一人也要逮捕。」一週後，拉吉便再度回到街頭，警方只給他警告了事。當我依循警方報告上的地址找到他時，他正在顧著小茶攤。他一邊煮著一杯含糖的雀巢咖啡，一邊告訴我，其實他才是受害者。

「我只是要幫助人而已，我聽說某個人因為腎臟衰竭，就快要死了。而且，又知道這裡有很多人願意賣。這樣有錯嗎？這應該合法才對。」他這樣表示。我問他，他為什麼沒付剩下的錢。他說，他答應給瑪莉佳的金額不超過七百五十美元。「我給了她應得的金額。」他還說，此外，他還要付錢給好幾位掮客和醫生，他的淨利其實只有三百美元。

瑪莉佳告訴我說，她動完手術後一直無法完全康復，而她那十幾歲的兒子康南得了B型肝炎，快要引發腎臟衰竭。她說：「不久之後，他就需要移植腎臟，我卻連腎臟也沒辦法給他。」就算她找得到醫院願意免費提供醫療服務給她兒子，也籌不到買腎的錢。在印度，人體部位是社會階層低的人提供給社會階級高的人，絕對沒有反過來的事。

負責跟羅妮和瑪莉佳協商的掮客，在一連串的中間人當中，皆是屬於階層最低者。移植手術要價一萬四千美元，這些大大小小的中間人都從中分了一杯羹。拉吉聲稱，他分到的錢只不過是一小部分，大部分的佣金都是讓馬都萊的大交易商鄉卡（Shankar）給拿去了。

雖然鄉卡早已消失得無影無蹤，但在這行，高層人士的身分向來是公開的祕密。例如卡帕亞（K. Karppiah）便是腎臟貿易中最活躍的角色之一，這一點人盡皆知，大家都是私下低聲提及他的名字，他就住在海嘯難民安置區外一英里處。在一個月的期間內，約有數十名腎臟賣家都提到他的名字，說只要每賣出一顆腎臟，他都能分一杯羹。他是掮客首腦，很少直接聯繫患者或販子，卻是推動整個系統順利運作的中間人。當我出現在他家門前時，他拒絕接受採訪。不過，就連外頭鋪柏油的男人都知道他是權力很大的要角，他跟我說：「大家都知道卡帕亞，這條街上所有的房子都是他的。」

我的運氣不太好，不僅沒有人前來透露自己的故事，警方也沒有進行後續的調查，身為局外人的我幾乎不可能得知器官從賣家到買家之間所要經歷的過程。儘管買家和賣家是待在同一家醫院，但是購買羅妮和瑪莉佳腎臟的患者，卻從未在賣家面前自我介紹。這一票中間人——從身為掮客的拉吉、達娜拉希米、卡帕亞，到動手術的醫生——

讓整個供應鏈保持祕而不宣。畢竟，不讓患者與賣家直接協商，對中間人而言才最為有利。中間人做的是簡單的牽線工作，唯有保密，才能收取高得不合理的介紹費。

中間人之所以對供應鏈的細節保密，顯然有其經濟利益上的誘因，而院方和醫生則利用保護患者權益的老練說法，把整個過程關在大門後面。即使是西方國家的合法屍體捐贈，院方也認為向受贈者透露捐贈者的姓名，會損害每一位參與者的隱私權。

印度政府列出了在清奈非法進行腎臟移植的五十多家醫院，我根據這份清單，造訪了其中六家，每一位外科醫生都跟我說，要是允許捐贈者與受贈者會面，會對雙方造成嚴重的心理傷害。

不過，真實情況並非總是如此。人類學家萊絲莉・夏普（Leslie Sharp）曾在其著作《奇異的收割》（*Strange Harvest*）一書中，討論美國的屍體捐贈體制。她寫道，捐贈者與受贈者之間的匿名情況，是近來才出現的醫學倫理。一九五〇年代，移植手術首先在美國地區變得普遍起來，當時的醫生主張，把捐贈者家庭介紹給受贈者可改善手術的臨床成功率，因為雙方可分享病例，甚至或許能藉由移植手術而形成較為緊密的關係。然而，隨著移植產業的利潤愈趨成長，捐贈者的器官開始失去身分，匿名成為了新的常規作法。

一九九〇年代初期，夏普開始進行研究時，「移植專業人士認為『捐贈者與受贈者之間的』書面溝通屬於破壞行為，親自會面溝通的破壞程度就更大了*。」臨床人員的處理態度且更甚之，他們把尋找器官去向的捐贈者視為病態。

然而，夏普的研究結果卻顯示，一般而言，捐贈者與受贈者都想要知道對方是誰，但都被醫療人員阻擋，無法得知。她寫道，當移植社群的人在公開活動的場合中聚在一起時，「講述著雙方見面的故事，總是能讓底下的聽眾由衷產生喜悅與讚揚的情緒**。」可是，院方例行將紀錄封住，不讓雙方見面。兩個活人因生命的延續而有了關係，捐贈者與受贈者家庭自然會想要得知器官的來歷，夏普為了描述移植技術所創造出的這種獨特關係，更創造出了「生物感傷」（biosentimentality）這個詞彙。儘管雙方渴望見面，但是「放棄醫療隱私權」這個觀念的背後其實有著更為實際的理由。

在國際器官交易的情境下，即使患者知道自己是在購買器官，甚至懷疑供應鏈有剝

* 出處：Leslie Sharp, *Strange Harvest*（Berkeley: University of California Press, 2006）, 166.

** 出處同前。

削之情事，醫生卻會運用隱私權的道德觀，藉以打消患者的疑慮。各位可以試想，以下哪一種情況比較糟糕呢？是揭露出有人被迫販賣身體組織的故事？還是讓掮客不受約束地掌控器官的供應？如果醫生與掮客同時扮演賺取利潤的中間人與醫療服務提供者的話，這種情況顯然會產生利益衝突。匿名的作法會讓供應鏈完全受到掌控，為敲詐和犯罪活動提供了完美的掩護。

自一九九〇年代初期起，學者和新聞工作者就一直注意到，對於移植用器官的需求，近乎是一種新型態的食人主義。過去二十年來，加州大學柏克萊分校人類學家南西・薛柏-休斯（Nancy Scheper-Hughes）絕大多數的時間都在研究及揭露國際器官網的偽善作為。二〇〇〇年，她發表劃時代的〈全球人體器官交易〉（The Global Traffic in Human Organs）一文，直指人體器官的交易是透過伊朗的國家資助方案，向巴西貧民區、南非棚戶區、印度貧民窟、中國監獄，開採人體器官。

然而，她最深刻的洞察力並非在於記載器官販運的規模，而是針對人們堅若磐石的看法提出了質疑——大家對於器官短缺的性質原本就抱持著一定的成見。她認為，市場對器官的需求永無止境，就表示我們在有限的生命面前，展露出醫學上的傲慢。她說，醫界畫出美好的大餅，向患者保證說：「運用別人的器官，就有可能史無前例地無限延長壽命。」醫生會告訴即將死亡的患者，唯一能救活性命的方式，就是接受運作正常的肝臟或腎臟，取代自身體內的衰竭臟器，導致移植名單（例如美國聯合器官共享網路不斷更新的移植名單）愈來愈長。

不過現實情況卻是，患者寧願移植器官，也不願被透析機或狄貝基（DeBakey）人工心臟所束縛；他們也不知道的是，移植器官後，只不過是把致命疾病換成慢性疾病而已。一般患者接受新的人體組織後，往往只能延命數年。移植方案經常宣傳說，登記成為器官捐贈者，是在贈與「生命的禮物」，還說成功的移植是「奇蹟」；可是卻鮮少提及一點，移植後的生活品質一般上並不若浴火鳳凰般的重生，受贈者反而必須極為倚賴抗排斥藥物，而抗排斥藥物又會降低免疫系統能力，極易罹患致命的伺機性感染。

薛柏－休斯同時也指出，掮客很容易就能找到人體組織。她還寫道：「真正短缺的並非器官，而是移植患者缺乏足夠的管道購買器官。」在美國，直接付款給賣腎的捐贈者，是很困難的事情，而移植名單又創造出一種器官短缺的急迫感。沒有了賣腎的捐贈者，確實造成多數的器官都是來自於美國有限的供應量。美國人摘取器官的方式，無非是透過腦死患者、患者親戚、偶爾的自發捐贈，以及器官共享計畫。可用組織的數量有限，造成供需極度失衡，器官移植費用增加。昂貴的價格支持了一整個自給自足的醫療經濟體，當中涉及了特別維生系統供應商、器官運輸商、法務部門、醫生、護士、社工、管理人員，他們讓器官移植產業持續運作，並從中獲得經濟利益。

醫生與醫療人員掌控了獲准列入器官移植名單的人數，因此有能力提高器官移植的整體合格率，還能制定可用器官與整體供應量的標準比率。在美國地區，捐贈者在過去幾年來所提供的器官數量已有大幅的增長，然而捐贈數量和等候名單人數之間的比率，卻多少維持不變。

移植名單——具體而言，就是器官摘取網——讓大家以為器官稀少，醫學中心之所以能賺大錢，就是因為物以稀為貴。院方告知器官衰竭的患者，他們唯一的希望就是取得替代的器官。不過，比較貼近真相的事實是，患者所失去的健康，在移植後很有可能只會恢復一小部分。那麼，移植器官體系付錢給活體捐贈者的話，就會比較合乎道德嗎？非也，我的意思是，醫生與患者應該站在更實際的角度，思考生命有限這件事。

然而，在美國我們一點都不能影射美國移植中心買賣器官。移植中心的存在是為了拯救生命，醫生應該超脫於庸俗的商業世界。可是，實際狀況卻是坐擁移植中心的醫院都能擁有大筆的進帳。移植中心有如品質標章，能替醫院裡的所有部門招來許多生意。例如，醫院在公路看板上宣傳移植中心，這種作法確實再普遍不過，但這並非因為許多駕駛人有可能需要新鮮的器官，而是為了要大家覺得醫院在所有醫學領域都有完美的表現。

美國的《國家器官移植法案》明訂買賣人體組織屬於非法行為，不過，對於器官移植的相關必要服務，卻連一個字也未提及。移植外科醫生與積極支持者會立即言明，移植中心實際上並未販賣器官，只提供移植服務。可是，移植服務的價格卻十分昂貴。二〇〇八年，密里曼（Milliman）公司的精算師按實質計算出各種器官移植的總費用，腎臟移植費用為二十五萬九千美元，當中包括總採購費用（六萬七千五百美元付給醫院，做為摘取腎臟之費用）、術前與術後的手術照護費用、免疫抑制劑費用、醫院行政費用等。肝臟移植費用為五十二萬三千四百美元，胰腺為二十七萬五千美元，腸子則是鉅額的一百二十萬美元。移植中心的患者沒一個是去買醫療服務，他們是去買器官。在許多情況下，只有富人或有超級保單的人（在某些情況下是享有美國政府保險者）才能考慮進行器官移植。就算在帳面上動手腳，也無法改變這項事實。

不能公開購買器官，造成醫療費用高昂，況且等候名單又長得要命，逼得人們不得不轉向國外的移植中心，取得快速又便宜的醫療服務。醫療費用較低，就表示那些被美國高價器官市場排除在外的患者，有機會在國外找到負擔得起的移植手術，而且也不會犧牲掉醫療品質。在這其中，患者會考慮前往的一家海外移植中心，就是位於巴基斯坦拉合爾（Lahore）的亞迪爾（Aadil）醫院，該家醫院廣告說，國際標準組織將其評為具備西方醫院的醫療水準。

如今，亞迪爾醫院以移植患者為對象，公開宣傳兩種移植方案：首次移植為一萬四千美元；首次移植的器官衰竭後，再次移植費用為一萬六千美元。亞迪爾醫院執行長阿杜・瓦西・席克（Abdul Waheed Sheikh）在電子郵件裡表示：「患者不用擔心捐贈者的問題，本院會透過慈善組織，安排活體捐贈者，捐贈者有數百人之多。」

印度、巴西、巴基斯坦、中國的醫院，也全都宣稱他們同樣有過剩的志願捐贈者，可以捐贈器官給高薪患者使用。由於患者不知道該如何自行預約黑市移植手術，再加上第一世界與第三世界之間有懸殊的價差，因此使得國際掮客能有機會從患者身上榨取骯髒的利潤。

不過，在菲律賓器官銷售卻多少是合法的，根據菲律賓新聞局在二〇〇五年公布的報告中指出，一流醫院的腎臟移植費用是六千三百一十六美元。負責安排移植事宜的器官掮客會盡可能提高收費，從中賺取差額。

可是，即使入院患者會意識到器官供應短缺現象十分明顯，但由於國際匯兌的力量使然，跟美國地區高漲的醫療價格相比，在國外取得器官的費用仍舊不到美國的一半。同時，患者對法律的困惑、恐懼、資訊鴻溝，創造出典型的套利環境，讓那些互通有無的販子如魚得水。中間人可收取大筆利潤，重挫了改革的心力。

而當價格下降時，受害最嚴重的就是供應鏈的最低層。正如我們在印度海嘯難民營所見，賣家透過器官掮客賣一顆健康的腎臟，平均只能賺得數千美元——如果掮客真有付錢的話。而且，儘管需求量遽增，掮客付的錢仍然沒變。世界衛生組織在二〇〇二年指出，全球罹患糖尿病的患者數量達到一億七千一百萬人。估計到二〇三〇年，數字將會攀升至三億六千六百萬人。

「各國與各地區的情況完全不同。」以洛杉磯為據點的器官商人如此解釋。他在liver4you.org網站做線上生意，要求我只能用米奇這個化名。「由於大多數的海外移植都是在醫生的掌控之下，像是美國私人診所那樣，所以價格區間很廣……在器官交易合法的國家，例如菲律賓，捐贈者的人數十分龐大，因此，捐贈者必須接受平均三千美元的（賣腎）價格。」

成本降低了，買家付出的費用卻鮮少會降低。器官一旦從街頭進入醫療供應鏈，價值就會快速攀升。米奇說，如果是腎臟移植的話，他的一般收費介於三萬五千至八萬五千美元之間。米奇每一筆交易可以淨賺兩萬五千美元以上，實際淨利視手術地點而定。

米奇這類的角色將國家間的法律差異化為進帳收入，仲介器官的作法似乎深植於器官移植的核心，也助長了普遍缺乏透明度的情況。掮客扮演著隱匿程序的關鍵角色，同時也利用了始自捐贈者身體、終於受贈者身體的整體供應鏈，大幅提升獲利。

部分學者與經濟學者主張，唯有合法且受規範的體制，方能停止器官供應鏈的剝削歪風。他們還主張，無論司法制度如何創立，有價捐贈的情況仍會存在。像瑞迪（K.C. Reddy）——涉及清奈醜聞的其中一位醫生——這類的移植外科醫生表示，這種體制可讓器官送到有需要的患者那裡，同時又能保護捐贈者的利益。此外，還可以保證捐贈者獲得完美的後續照護與公平的款項。

因此，自由市場這個解決方法很誘人。我們相信個人自由以及可決定自身命運的天賦權利，而自由市場方案恰好跟這樣的信念相互呼應，還多了「擺脫投機的中間人」這項經濟誘因。然而，現實世界的成功故事卻少之又少。生物倫理學家亞瑟・卡普蘭（Arthur Caplan）寫道，採用市場方法來解決腎臟短缺問題，使器官販子置於不利處境，販子所握有的「選擇範圍會因高額補償金而受到侷限，這並非因為賣家面對錢失去理性，而是因為對於某些需要錢的人來說，某些出價即使低到有辱人格，仍舊是誘人得難以抗拒」*。換言之，總是會有人願意低價販賣自己的人體部位。

而器官買賣合法化的支持者在論及銷售合法化且現在擁有充沛器官的國家時，往往會舉伊朗做為標榜的範例。在伊朗，只要是中央政府機構所管制的器官銷售，均屬合法。捐贈者會因自己的犧牲而獲得款項，復原期間也有醫生照料。結果，等候名單上幾乎再也沒有患者在等候新腎。

我致電人類學家薛柏-休斯，想討論伊朗採取的解決方法，她沒好氣地說：「伊朗合法化活體捐贈時，竟然天真地認為腎臟供應量的匱乏只是行銷問題罷了。然而，伊朗政府承擔了管理黑市腎臟貿易的責任後，掮客與腎臟獵人的名稱只不過是換成『移植承辦人』，他們仍舊是暴徒，在街頭和遊民收容之家誘拐人低價捐贈器官。」

換言之，合法化並沒有讓從事這行的人改變動機，只是讓他們的違法手段合法化罷了。中國的情況更是糟糕，器官市場完全掌控在政府的手中。自一九八四年起，中國一直在摘取死刑犯的器官。二〇〇六年，聯合國代表大衛・麥塔斯（David Matas）與加拿

* 出處：Arthur Caplan, "Transplantation at Any Price?" *American Journal of Transplantation* 4, no. 12（2004）: 1933.

大前國會議員大衛・喬高（David Kilgour）共同出版《血腥的活摘器官》，書中訪談了數十位前政治犯、移植醫院管理人員，以及第一手得知行刑後器官摘取狀況的人士。內容相當吸引人，只是讀來令人不安。

喬高與麥塔斯表示，二〇〇〇年至二〇〇五年間，中國官方記載的腎臟移植手術達六萬件，其中的一萬八千五百件來自可辨認身分的來源，能夠追溯到具體的個人與事件，剩餘的四萬一千五百件則未予說明。喬高與麥塔斯認為，有許多器官是從入獄的法輪功學員身上摘取得來的，因為在一九九〇年代晚期，中國政府以政治異議人士的名義逮捕法輪功學員。多年來，數千名學員在中國監獄裡失蹤。

兩位作者的其中一個消息來源是化名為「安妮」的某移植外科醫生前妻，該醫生從囚犯身上活體摘取的角膜達兩千多枚。多年來，他向她訴說在那個只能被稱為「器官工廠」的地方，每天所發生的事情。她說，蘇家屯醫院的地下拘留所關了至少五千名囚犯，如畜生般圈養。那裡的醫生只配給粗劣的口糧給囚犯吃。每天，醫生會從拘留所領出三名囚犯。

她說，接著，囚犯會被「打一針，造成心臟衰竭。在過程期間，囚犯立即就會被推入手術室，摘取器官。囚犯被打了一針後，表面上心臟是停止跳動的，但大腦卻仍然在運作」。接著，她的丈夫會接收患者，快速切下角膜，輪床上的患者會被推到走道另一端，「在囚犯還活著時摘取器官，不光只是取出角膜而已，有許多器官都被摘取了出來。」

不過，人們批評麥塔斯與喬高的報告書，說安妮的證詞可能有矛盾之處，而且那一波波的處決潮有可能不光是針對法輪功而已。然而，法輪功的真相展板上貼滿了由祕密管道持續從中國洩漏出來，有如潮浪般襲來的相片，上面是遭處決的囚犯以及缺少器官的屍體。

反對中國侵犯人權的知名運動人士兼華盛頓特區勞改基金會創辦人吳弘達也表示過，他曾經訪談過一位移植外科醫生，該醫生曾在深夜動手術，從一名已麻醉的囚犯身上摘取兩顆腎臟。隔天早上，該醫生就得知警衛朝囚犯的腦袋開槍。

在另一個案例中，整形外科醫生王國齊於二〇〇一年在美國眾議院面前作證，說他曾經從囚犯身上割取皮膚，而另一個由數位外科醫生組成的移植團隊，則負責摘取囚犯體內的器官。他說，一九九〇年至一九九五年間，他參與了一百多件這類的手術。囚犯是以槍擊腦袋或注射肝素的方式處決。

「在處決之後，屍體不是被送到火葬場，而是盡速送到解剖室，我們會摘取皮膚、腎臟、肝臟、骨頭、角膜，供研究與實驗用途。最後，皮膚會以每平方公分一‧二美元的價格賣給燒傷患者。」他在眾議院面前說，有時，囚犯在手術過程中還活著，器官摘取後，極度痛苦，身體扭動不止。而中國政府付給王國齊的現金相當微薄，平均一件成功的摘取案例約只支付二十四至六十美元。

因此，之前美國人要取得中國死囚的腎臟，可說是相當容易，直到前一陣子，情況才有了改變。二〇〇六年時，中國國際器官移植網援助中心——中國政府資助的機構——的網站貼出直截了當的價格單做為宣傳。腎臟：六萬兩千美元。肝臟：九萬八千至十三萬美元。肺臟：十五萬至十七萬美元。心臟：十三萬至十六萬美元。角膜：三萬美元。平均而言，中國活體器官的價格是美國屍體器官價格的五分之一，而且只需短短的兩週時間就能完成配對。

喬高與麥塔斯主張，能夠有如此短的等候時間，在在都顯示了中國政府編錄了全監獄體系的人體組織類別型錄。他們認為，顧客訂購腎臟後，醫生就能夠搜尋型錄，盡可能找出較為符合配對的腎臟，接著依照需求，安排行刑時間。從受贈者的角度來看，這種方式能夠獲得最佳的臨床結果，畢竟受贈者與活體捐贈者的器官是完美的配對。然而，移植的代價就是捐贈者會死亡。

為確認這種型錄是否存在，我前往紐約皇后區的法拉盛。法拉盛位於曼哈頓城外數英里處，是正在蓬勃發展的中國社區。主街上拼貼著密密麻麻、寫滿中國字的廣告招牌，餐廳窗戶掛滿了油亮的烤鴨。四四方方的混凝土建物，叫人想起乏味卻耐用的東亞建築。在這裡，中文是主要語言，英文難望其項背，屈居第二。

一九九〇年代晚期，中國政府估算後發現，法輪功的總學員數量超過共產黨的黨員數量，因此將該靈性組織視為一大威脅。雖然大多數的法輪功學員光是練習那些類似太極拳的功法就已經能獲得滿足，但是它仍是積極反抗政府命令的少數團體之一。二〇〇二年時，發生一起著名的衝突事件，法輪功學員在世界盃決賽期間，突襲並控制了九家電視台以及一個上傳訊號給衛星的地面台。劫持期間，他們播放了反政府的宣傳畫面。也就是那個時候中國政府才察覺到法輪功會是一大政治威脅，於是開始實施鎮壓行動，嚴厲打擊。

中國政府讓國營媒體譴責法輪功，直指他們在練魔法並對學員洗腦。隨後中國政府便禁止法輪功公開及私下集會，違反者得處以重罰。到了一九九九年，中央委員會更構思出一個狡猾的計畫，用來逮捕法輪功學員。

當年七月，數千名法輪功學員前往中央請願局，為抗議中國政府的禁令而簽名請願，他們留下了自己的姓名、地址，還把他們對失去人權的憂慮給寫了下來。陳華（譯音）——在美國的名字是克莉絲朵——就是第一批在北京簽名的人。她離開政府辦公室數分鐘後，就被便衣警察戴上了手銬。

她遭逮捕的十年後，我跟她見了面，地點在某份中文小刊物的狹窄辦公室裡，那間辦公室又兼作運動人士的住處。她多年來在北京一家美國大公司擔任翻譯，說著一口完美的英語。她的外貌比實際年齡還要年輕多了，所訴說出來的艱苦故事讓我相信真有其事。她說，自己的身體很健康是拜每天練功所賜，每天練功正是法輪功教義的主要精髓。

她未經審判就遭判刑，被關在勞改營裡，經常銬上手銬，被守衛毆打，那些守衛指責她密謀推翻政府。數週後，他們終於釋放了她，不過到了二〇〇〇年四月，她再度遭到逮捕。他們認為她沒學到教訓，而這一次，是長達六個月的刑求。

「最慘的是，守衛把水管插到我的喉嚨裡，強迫我喝一公升的高濃度鹽水。」她平靜地告訴我。「他們也對其他的囚犯灌鹽水，只不過被灌的全都是法輪功的學員。吸毒者和小偷受到的待遇都比我們好多了。他們認為毒販的行為可以改正，但法輪功的學員不行。」鹽巴在她的體內擴散，幾乎立刻就讓她陷入休克狀態。之後，她才得知，與她同住的牢友在灌了鹽水後就死了。

每隔幾個月，廣東勞教所的醫生就會召集三百名法輪功囚犯進行身體檢查。「他們會對每一位囚犯抽取一小瓶血液，接著把我們送回牢房。其他的囚犯很羨慕，以為我們獲得醫療，但是他們從來沒有給我們任何的藥物，只抽了我們的血。」數年後，克莉絲朵推測，他們是把她的血液登記在資料庫裡，供日後摘取器官用。

她又說，在裡面囚犯被轉到別家看守所是常有的事情，所以她從來不知道離開的囚犯是被處決？被釋放？還是真的只是轉到別家看守所去？她說：「我們不知道發生了什麼事，很恐怖。」

當然沒有人能說中國政府是是為了器官才特別去追捕法輪功學員，不過，要處理法輪功的學員，摘取器官的制度似乎十分便利，又能賺取利潤。危險的政治異議人士遭受處決，他們的器官就成了醫院與外科醫生一項優渥的收益來源，想必中國許多重要官員都拿到了這些器官。

近年來，中國腎臟移植的收益合計約五億美元，而這些錢大都是從國外進入中國的美金。

紐約大學醫學中心腎臟移植主任湯瑪斯・迪佛洛（Thomas Diflo）對於移植名單上的患者命運，長久以來都感到很是同情。多年來，許多患者在等待自己符合受贈資格時即不幸死亡，他束手無策。不過，自一九九〇年代晚期起，只能靠透析治療的部分患者，卻移植了新腎臟，並出現在他的辦公室裡。在一般的情況下，如果他的管轄範圍內有移植手術的話，他一定會知道，可是他卻沒有得到相關的資訊。後來，部分患者才吐露實情，說有醫院會使用中國死囚的器官，所以他們向醫院購買器官，手術費用只要區區一萬美元。

當我問迪佛洛，他對患者合理化購買器官的行為看法時，他用以下的文字做為回應：「患者不會因器官來源而感到不安，他們的想法很實際：『這傢伙就要死了，我的腎臟衰竭可以治好了。』」然而，患者回到美國後，還是需要他的術後照護。而要是他治療了這些跑到體制外的患者，是否合乎道德倫理呢？他對於這一點並不敢肯定。

左右為難的他，提報所屬醫院的倫理委員會，並於二〇〇一年在眾議院面前作證，同席作證的還有王國齊，這位整形外科醫生曾經從活著的囚犯身上取下皮膚。隨後國際社會開始對中國施加壓力，因而尋找囚犯器官的國外腎臟移植患者人數也跟著隨之下降。然而，對於中國的國內市場還是不太可能有所改變。

「中國各地的處決人數多少有些縮減，但器官移植的件數卻與日俱增，受害的法輪功學員人數也增加了。外國人不再想取得中國人的器官，這無疑是因為中國政權的形象很差，那麼新的器官訂單的受惠人，想必就是中國的有錢人了。」喬高在電子郵件中如此寫道。

長久以來，腎臟一直是器官移植的吉祥物。每一個人天生便具有兩顆腎臟，但只要有一顆腎臟就能好好存活下來。因為腎臟衰竭時，往往是兩顆一起衰竭。儘管腎臟看似有餘裕，但並不是沒有問題的商品。器官摘取產業剝削了世界各地弱勢族群的身體。在利潤導向的市場裡，窮人被剝削，部位遭割取；在政府運作的計畫裡，國家控制了人體，抹除了人們任何一絲的自由意志幻想。

正如所有的人體市場，內部活體器官貿易在整個供應鏈上下都極為缺乏透明度。在印度與伊朗（埃及、巴西、南非就更不用提了），是由掮客操控器官的價格，因此，同意賣出人體組織的賣家只能獲得極低的利潤，而且只有在碰到最絕望的情況時才會願意賣。在中國，器官來源的的身分被悄悄掩蓋起來，但是祕密拘留營以及因應要求的處決狀況，已是掩蓋不住的確鑿證據。如果一切屬實，在中國購買器官，就等於是在支持大屠殺的重演。

但另一方面，在美國的移植名單等候時間冗長，且手術費用十分昂貴，加上腎臟移植又被推銷成必要的手術，造成許多患者覺得自己毫無選擇，只能尋求國外的非法市場。

解決整體問題的方法既複雜又微妙，任何的計畫必須包含重度且徹底的透明化。正如我們在國際領養案例所見，隱私權法規使得犯罪組織得以興盛起來。只要開放所有紀錄，讓每個人都能檢閱器官來源，這樣就能大幅改變所有的器官政治。

由於只有醫院能夠動手術，因此管制交易行為應屬易事。雖然交易仍會存在，但是掮客和中間人就比較少餘地能夠利用那些絕望的人。而中國也必須公開承認他們違反人權販賣人體組織的罪行，那些從事買賣人體部位生意的美國醫院，更必須公開其所取得的人體組織到底是從哪裡來的。

馬來西亞社福中心外頭的遊樂場。馬來西亞社福中心涉及100多件綁架案，該孤兒院綁架兒童，牟取利潤。雖然該孤兒院已於1998年終止國際領養方案，但是印度清奈警方仍試圖找出失蹤兒童的下落。警方表示，馬來西亞社福中心綁架兒童，再以領養名義賣出，非法牟取數十萬美元的利潤。

# 第四章

# 家長會面

我租了一輛起亞（Kia）汽車，已經連續數小時的時間弓著身體並握著方向盤，飛速駛過一片片的玉米田和一間間的小鎮教堂，最後終於停在美國中西部的某一條街道上。我試著不要引起別人注意。這條街的對面，有一位十一、二歲的男孩，他穿著銀色運動短褲和美式足球T恤，正在自家前院拿著枯枝把玩。我的心臟痛苦得怦怦跳動，不曉得自己是否準備好永遠改變他的人生。

為了這一刻，我已經籌備了數個月之久。之前，我在印度清奈那些布滿灰塵的警察局裡，跟身穿卡其色制服的警員談話，詳細查閱無數疊的法院文件。堆積如山的證據訴說著令人心碎的故事，印度貧民窟的兒童遭人綁架，賣到孤兒院，進入全球領養管道。我特別調查其中一件案例，在該案中，警方堅稱已追蹤到某位被竊的印度男孩下落，連他在美國的地址也查到了。兩天前，男孩的父母透過律師，請我轉達口信給美國的家庭，期望能獲得友好的回應，良善的溝通。不過，當我穿越了十個時區，終於來到此地之後，卻茫然若失不知該如何進行。

副駕駛座上面，擺著一份破舊的米黃色文件夾，裡頭裝了證據：一小包相片、警方報告、頭髮樣本，還有法律文件，裡頭詳述著這件滯留在印度法院裡長達十年的案例。而眼前住在郊區的這一家人很有可能完全不知情。我一直等到男孩緩緩走到房子後頭，才小跑步到門口按門鈴。

來應門的是一位十幾歲印裔女孩，她露出好奇的微笑。我結結巴巴地說：「妳媽媽在家嗎？」不久，一位金髮女人來到門口，她穿著牛仔褲和長袖運動衫，以狐疑的目光望著我。

一九九九年二月十八日，這一天是席娃嘉瑪最後一次看見兒子蘇巴希，當時他還很小，得要她抱著才行。席娃嘉瑪就像坦米爾那都邦的許多印度人一樣，沒有姓氏，她住在清奈的普里安索貧民窟，此地與美國中西部之間，不僅地理距離遙遠，連文化的差距也同樣很大。孩子們在熙熙攘攘的街上玩板球，附近的印度洋送來了令人無法忍受的濕氣，包圍著街道。儘管街上十分擁擠，但仍被視為安全的區域，即使無人特別看管的孩子，也會有鄰居幫忙留意看著。

所以，當那天席娃嘉瑪把蘇巴希留在離住處不過數十英尺的抽水機那裡時，心裡也自然覺得會有人看著他——確實有人正在看著他。印度警方說，在席娃嘉瑪離開的那五分鐘，可能就有個男人把她那剛學走路的幼兒抱到電動三輪黃包車裡了。警方認為，蘇巴希應該在隔天就已經被帶到該城郊區的孤兒院，因為孤兒院會付現金買健康的兒童。

對於做為父母親的人而言，這是最恐怖的夢魘。席娃嘉瑪和她那做建築物油漆匠的丈夫納格西瓦・勞烏，接下來五年的時間都在印度南部四處搜尋兒子的蹤跡。這一家人從不放棄希望，深信他還在某個地方活得好好的。他們用親朋好友當私人偵探，緊追著謠言與誤報，最遠向北追到了海德拉巴，那裡距離他們家約有三百二十五英里遠。為了籌措找兒子的費用，勞烏賣掉了從父母那裡繼承的兩間小屋，舉家搬到只有一間房間的混凝土屋子裡，屋頂是用茅草所蓋的，位於清真寺的陰影下。為了節省花費，這對夫妻還讓女兒輟學。這項艱難的尋人考驗讓這一家人從下層中產階級的頂端落入了赤貧的地步。但儘管他們付出了種種努力，仍然無法靠近兒子一步。

終於，到了二〇〇五年事情有了幸運的突破。有人向清奈的某位警察通報，說有兩個男人在酒吧裡大聲爭論著綁架的事情。警方說，之後經過盤問，那兩名男人和兩名女性共犯承認，他們一直幫忙馬來西亞社福中心（Malaysian Social Services，簡稱 MSS）偷小孩，該家孤兒院把兒童出口到國外不知情的家庭那裡。綁匪綁到一名兒童可賺得一萬盧比，相當於兩百三十六美元左右。

根據一份送交法院的警方文件顯示，孤兒院的前園丁馬諾哈蘭（G. P. Manoharan）已明確供認自己抓走了蘇巴希，同時從馬來西亞社福中心那裡沒收的紀錄文件也顯示，在蘇巴希被抓走的隔天，也就是勞烏提報失蹤人口的那天，該中心就接收了一名年齡與蘇巴希相仿的男孩。兩年後，男孩被人領養了。我查看了放棄書，即證明母親不再有能力照顧孩子而將孩子交給孤兒院的必要文件，還看了其他孩子的放棄書，全都是偽造的。警方說，那些共謀者把男孩的名字改成亞西拉夫，捏造了假的過去紀錄，其中包括了一份假生母的聲明書。

根據清奈警方的歸檔文件顯示，一九九一年至二〇〇三年間，馬來西亞社福中心至少安排了一百六十五件國際領養案，兒童大都被送到美國、荷蘭、澳洲，從中賺取的「服務費」約高達二十五萬美元。

假設印度警方查到的事實為真，亦即表示勞烏與席娃嘉瑪所尋找的男孩已經有了新的名字，新的人生的話，那也就表示他很有可能完全不記得印度的生母，也不會講母語。多數的國際領養案都是「不公開的」，親生父母沒有權利聯絡孩子，而且由於領養過程需保持機密，因此這也使得很難再找到那些可能是經由詐騙方式被人領養的孩子。

自蘇巴希失蹤後，席娃嘉瑪便陷入了深深的沮喪情緒裡。十年後，她仍舊脆弱不堪，眼睛周圍是深暗的黑眼圈。一提起兒子的名字，便突然哭了起來，用紗麗輕拭眼角。

「是那些人做錯事，」她這樣說：「為什麼我們要付出這麼大的代價？」孤兒院裡擠滿了兒童，為什麼還會密謀在街上偷別人的孩子呢？也許，是因為蘇巴希皮膚白皙，健康良好，才會被視為特別容易被領養的對象吧。

我回到清奈後，想要獲得更多消息，於是便開著我那輛小小的黑色現代汽車，穿越川流不息的卡車、黃包車、走失的牛群，前往城外郊區的馬來西亞社福中心。在首輪申辯後，馬來西亞社福中心關閉孤兒院，不再從事國際領養事務。然而，該中心依舊執行數項社服計畫，並經營一間幼教學校。

我把車子停在亮粉紅色的建築物外頭，走出車子，透過鑄鐵門窺看裡頭。一名穿著純白襯衫的男人立刻擋住了我，並自我介紹說他是迪內希・洛文卓納（Dinesh Ravindranath）。我在警方報告上看過這個名字，他是綁架案的共犯。他說，自從他父親在二〇〇六年去世後，他就一直負責經營馬來西亞社福中心，同時兼任該中心的律師。

洛文卓納跟我說，警方對該中心的調查——在印度是頭條新聞——被嚴重誇大了，其實他才是真正的受害者。他控訴警方利用調查之便，向該機構勒索錢財。他說：「法律有規定，婦女想要放棄孩子給人領養，我們不能問她太多過去的事情，必須毫無懷疑地接收兒童才行。」

不過，我在調查期間所取得的放棄書，上面有馬來西亞社福中心高層職員的簽名，還有綁架嫌疑犯的簽名，嫌疑犯已承認用不同的化名交出多位兒童。我逼問洛文卓納，嫌疑犯跟警方說馬來西亞社福中心會付綁架費給他們，但洛文卓納聲稱這是誤會，並表示：「婦女來這裡時，我們出於愛心，會給她們兩千或三千盧比（約四十七美元），才不是綁架費。這種事情到處都有，我們只不過是代罪羔羊。」

不過領養問題確實很普遍。過去十年來，德里、古茶拉底邦（Gujarat）、安德拉邦（Andhra）、馬哈拉什特拉邦（Maharashtra）、坦米爾那都邦的醜聞，暴露出嚴重違反領養議定書之行徑，並證實了印度父母親的孩子被國外家庭給領養走。由於領養費的利潤很高，因而促使孤兒院要穩定供應可領養的兒童。把兒童從印度帶到美國的費用大約是一萬四千美元，這還不包括要付給孤兒院的三千五百美元標準收費。在最糟糕的案例中，曾經受人敬重的機構其實都致力從事兒童販運，而那些好心的美國家庭也從來都不知道自己並不是在領養兒童，而是在購買兒童。

這類醜聞並不限於印度境內。二〇〇七年，法國慈善機構生命方舟（Zoe's Ark）的雇員遭到逮捕，他們試圖帶著一百零三名兒童火速離開查德，他們聲稱這些兒童都是蘇丹戰爭的難民；不過，警方在之後查明，驚訝地發現多數兒童都是從查德家庭裡偷走的。在中國湖南省，更發現有六家孤兒院於二〇〇二年至二〇〇五年間，購買將近一千名兒童，當中的許多兒童最後被國外家庭領養。甚至在二〇〇八年春天，ABC新聞團隊還發現湖南省部分機構，仍以三百至三百五十美元的價格公開購買兒童。

在二〇〇六年時，著名觀察家也曾發現，瑪丹娜從馬拉威孤兒院領養的大衛・班達，其實並不是孤兒。到了二〇〇九年一月，美國猶他州一家名為聚焦兒童（Focus on Children）的領養機構，更承認犯下詐欺罪及違反移民法；根據聯邦起訴書，他們不僅誤導親生父母，還跟可能成為養父母的夫妻說，孩子是孤兒或遭到棄養，然後引進了至少三十七名薩摩亞兒童供人領養。而在一場大地震把海地的許多地方都化為瓦礫後，沒多久某個以愛達荷州為據點的基督教會團體裡的數名成員也遭到了逮捕，罪名是他們試圖未經許可就將海地的兒童帶離海地。

「這是個出口兒童的產業。」聯合國兒童基金會南亞媒體主任莎拉・克洛（Sarah Crowe）表示，「假使領養機構的第一要務並非兒童權利，而是利潤，那麼就等於打開了嚴重濫權的大門。」

為解決這種剝削型犯罪，美國於二〇〇七年制定了《海牙跨國領養公約》（The

Hague Convention on Intercountry Adoption），也已經獲得五十個國家的簽署。不過，阿拉巴馬州桑福德大學法律教授大衛・史穆林（David Smolin）認為，海牙公約毫無作用可言。領養了兩名印度兒童的史穆林在電子郵件中跟我說：「海牙公約本身有一大缺點，那就是確保兒童確實遭棄養這件事，全都信賴輸出國的說法。若只是單純相信輸出國所說的話，那麼接收國就要付出很大的代價。」

史穆林也早該可以推測到，其實他所領養的兩個女孩是被生母送到安德拉邦的孤兒院，為的是讓她們受教育，因為這種作法在印度窮人之間屢見不鮮。可是，不識字的母親卻是在一開始就被騙簽下放棄書；之後，當她嘗試重新取回監護權時，統統都被孤兒院的人給趕了出去。這兩位女孩分別為九歲與十一歲，孤兒院的人教她們說，父親死了，母親棄養。不過，後來她們還是把真相告訴了史穆林，但美國的領養機構卻拒絕調查這件事。等到終於查出女孩們的親生父母時，已經過了六年的時間，而女孩們也早已習慣了阿拉巴馬州的生活。最後女孩們仍留在美國，不過史穆林吐露了領養的事，於是一家人前往印度，拜訪女孩們的生父母，並經常保持聯繫。

此後，史穆林的法律職涯方向便轉了個彎，他現在已是美國提倡改革領養流程的重要人士。他特別指出，海牙公約的最大缺陷就是並未針對富國支付的領養費，制定金額上限。他說：「如果不嚴格限制金額，其他的規定全都注定要失敗。」

印度的警察、律師、領養倡導者也都附和他的看法。副警長鄉卡（S. Shankar）表示：「如果領養兒童不用付錢，那麼這種犯罪行為全都會消失。」鄉卡是蘇巴希案的主要調查人，他更特別要求我別在書中公開他的全名。

當時清奈警方根據馬來西亞社福中心的文件，查到蘇巴希在美國，於是馬上打電話給勞烏，請他來警局並試圖從一排相片中指認兒子，而勞烏也馬上就指出其中一張快照。警方說這張快照是從亞西拉夫的孤兒院檔案裡取得，是蘇巴希進入孤兒院數天後所拍攝。勞烏回憶道，在那張相片上，蘇巴希躺在一張舒適的床上，衣著有如西方兒童。但現下在我眼前的勞烏卻是斜躺在凌亂住處裡的一張塑膠製摺疊式躺椅上，左右兩側是蘇巴希的兩位哥哥，十幾歲的薩薩拉和洛凱希。他說：「已經快要六年了，但我還是馬上就認出他來。」

警察局長對指認結果感到很滿意，但卻跟勞烏說，忘掉這個男孩吧，蘇巴希在美國住會過得比較好。勞烏問：「警方把我當成無名小卒對待，可是，兒子從我身邊被偷走，我怎麼高興得起來呢？我不希望兒子一生都以為我們遺棄了他。」

不過，至少勞烏還知道兒子的遭遇。在馬來西亞社福中心還有約三百件的國內外領養案仍有待調查，可是警方就只有在媒體關注的時候，地方上的調查才會有所進展。馬來西亞社福中心案的調查速度緩慢如冰河的移動，因為這案件從市立警方踢到邦立警方，再踢到聯邦警方，隨著每一次的交管，案子的範圍就愈縮愈小。現在負責調查的則是印度中央調查局，中央調查局根據法院命令，只追查三件跟馬來西亞社福中心有關的案件，在三個案件中，被偷走的貧民窟兒童據稱已分別送到澳洲、荷蘭和美國的領養家庭。而送到美國家庭的就是蘇巴希。

調查此案的負責人鄉卡承認，警局的調查只搔到問題的表面而已。實際上，如果生父母負擔不起律師費用，就無法讓兒童綁架的主張進入法院程序，因而很有可能造成案件毫無進展。這位身材魁梧、滿頭灰髮的警察同時也表示：「此時此刻，我們能看到的就是些長達十年的陳年舊案。」他說，其他孤兒院陸續出現，要取代馬來西亞社福中心。他又說：「可是，我沒有權力調查，我真的無能為力。」

不過，要從清奈高等法院紀錄中，取得美國家庭的地址並非難事，因為地址就列在當局批准領養案的法律文件裡。我對勞烏說，我要去美國跟那一家人見面時，勞烏碰觸我的肩膀，以熱切的目光注視著我。當警方在說他的兒子已經被人給領養時，他鬆了一大口氣，幸好兒子沒被賣去從事性交易，也沒被賣給器官掮客，他聽說有些孩子的下場是如此。現在，他只希望能在蘇巴希的生命中扮演一個角色。他把所知的寥寥幾個英文字排列組合後說了出來，努力把心中的期望傳達給我。他指了指美國的方向，說：「家人。」然後，指著自己，說：「朋友。」

於是，花了兩天時間，跨越八千英里後，我現在正站在中西部一戶人家的前門門廊，同時發現要轉達口信也不簡單。我抓著證據文件夾，努力想出正確的字眼，然後自我介紹。男孩已經從屋後回來，站在我的旁邊，而他姊姊就在門內聽著。這個十幾歲的男孩有著勞烏的圓臉和鬈髮。我告訴那位母親，我們必須談談，但不能在孩子們面前。我們同意等她丈夫回家後，在別的地方碰面。

一小時後，在兩個街區外的空蕩公園裡，我倚靠在租來的汽車上，每隔一分鐘就看手表。終於，父親來了，他停下車子，沒走出車外，只搖下窗戶談話。他對於我要說的話，似乎並不訝異。他說：「幾年前，我在新聞裡看過這類事情，當時就知道有這種可能。我從來沒能告訴兒子這件事，他要是知道，會受到很大的傷害。」他突然露出不安的微笑，我把文件夾遞給他。文件夾裡有一封信，信中內容保證蘇巴希的生父母之目的並非要求他們歸還男孩，而是希望男孩的新家人能夠跟他們友善交流，讓印度的生父母仍能成為男孩生命中的一部分。最後我請那位父親詳細查看那些資料，我們約定隔天再碰面。

其實這個美國家庭並未直接透過馬來西亞社福中心領養，他們就像多數的美國家庭一樣，是經由代理機構領養。我替《瓊斯媽媽》雜誌首度寫到蘇巴希案例時，編輯和我都同意不透露男孩的名字和其他細節，這樣才能夠特別保護這個中西部家庭的身分。雜誌出版時，我只知道這一件案例是跟那個代理機構有關，由於沒有充分證據，我假定該代理機構無罪，這一件可疑的領養案或許只是隨機發生。畢竟，送來兒童的印度孤兒院有可能很容易就騙過了美國的代理機構。

但雜誌付印一週後，情況有了改變，我得知了一九九一年的芭努案。芭努是個經濟赤貧的母親，有三個孩子，丈夫死於工業事故。當時，她沒有能力撫養孩子，在沒有其他選擇下，她接受了某間學校的提議，該學校說會免費提供膳宿並教育她的孩子。

不過當七年之後，芭努再回到孤兒院並要求院長拉古帕提（K. Raghupati）把孩子還給她時，拉古帕提拒絕了。他還說，她早就放棄了監護權，他已經把她的孩子送到美國的領養家庭。而在威斯康辛州，當地的領養代理人拉曼尼・嘉亞庫馬（Ramani Jayakumar）是跟一家名為「波格特領養服務中心」（Pauquette Adoption Services）的代理機構合作，處理兒童進入美國的事宜。

最後芭努向清奈高等法院提告，到了二〇〇五年，警方基於多項領養詐欺控告，逮捕拉古帕提。也由於領養紀錄是公開的，因此芭努仍有可能找到孩子的下落。終於在二〇〇六年，經由美國和印度的運動人士的協助，芭努見到了她那三個已長大成人的孩子。

自一九八二年以來，波格特領養服務中心已安排了一千四百四十一件國際領養案，而根據法院紀錄顯示，當中包括蘇巴希在內。

波格特領養服務中心就位於一間小學的對面，是一棟壯觀宏偉的磚造建築。我進入大門，在通往多間辦公室的長廊裡，看見多個公布欄上貼滿了舊相片，是服務中心從世界各地接收的孩子。我看見琳恩・土爾（Lynn Toole）坐在櫃台，她是其中一位合夥人，對於要跟我打交道，很不高興。

她承認已關注印度媒體報導的領養醜聞，不過仍堅稱印度政府簽核了她機構經手的每一件個案。如有必要，她會協助調查，但不會跟我討論個案內容。我問她，她為何從來沒有聯絡過領養家庭，警告他們有可能領養了遭綁架的兒童，但她拒絕發表評論。一週後，我再打電話過去，她掛斷了我的電話。然而，從該家代理機構的網站可看出，他們仍持續處理印度領養事宜，服務收費起碼介於一萬兩千至一萬五千美元之間。

威斯康辛州律師泰瑞莎・德金（Therese Durkin）負責監管波格特領養服務中心，她說該中心從未因國際領養案而接受過調查，當局也未發現有任何違法行徑。即使投訴案浮出表面，州政府的調查權也很有限。德金表示：「我們手上有的就只是文件而已，只能著眼於證明文件的表面效度。」她又說，印度兒童領養案需保存大量紀錄，但卻沒有方法可得知文件是否為偽造，印美兩國當局在這個議題的溝通上幾乎是零。

簡言之，沒有方法可確實得知其中一些兒童是來自何處。貝絲・彼得森（Beth Peterson）曾在一家現稱為「透過國際領養組成家庭」（Families Thru International Adoption）的美國代理機構，任職長達十年之久。她曾與幾家規模龐大且頗受敬重的印度孤兒院密切合作，為一百五十多名兒童找到美國領養家庭。在這個過程中，她逐漸認為，許多孤兒院實際上的確涉及犯罪活動。彼得森表示，只要金錢誘因存在，情況就不太可能有所改變。彼得森目前經營 iChild，該網站幫助家庭領養印度兒童。

比方說，在二〇〇二年以前，彼得森給印度的普利曼德（Preet Mandir）孤兒院的款項共達十五萬美元以上。那裡的情況十分糟糕，在等候彼得森的客戶的領養案獲得審核批准時，共有三名嬰兒死亡。後來，孤兒院院長巴辛（J. Bhasin）開始向彼得森非法索取比平常捐款多出數千美元的款項，還說不付款的話，就不放棄兒童監護權，因此彼得森斷絕了跟該家孤兒院的關係。之後，她便向印度政府投訴普利曼德孤兒院及院長。

四年後，印度電視新聞網CNN-IBN的記者扮成想領養小孩的家長，進入普利曼德孤兒院。巴辛跟他們說，兩萬四千美元可以買兩個兒童。這件事經報導披露後，孤兒院的領養執照遭到吊銷，但印度政府之後卻以暫准的名義讓孤兒院恢復營運。彼得森表示：「兩邊都有利潤動機存在。我合作的其中一家美國代理機構，他們只想確定我每年可提供一定數量的嬰兒就好，根本不在乎嬰兒是從哪裡來的。」

一般而言，只要文件看來正常有效，美國領養機構通常不會再深入探查。兒童之家社會與家庭服務中心（Children's Home Society & Family Services）是美國最大的代理機構之一，光是二〇〇七年就處理了六百件左右的國際領養案。負責領養服務的副理事長大衛・皮格恩（David Pilgrim）表示，他很有把握，經手的兒童沒一個來自不道德的來源。他說：「所有跟我們合作的孤兒院，都經過我們徹底的審查，無論是過去或現在，都是如此。」

然而，在普利曼德孤兒院的醜聞爆發之前，兒童之家社會與家庭服務中心卻一直跟該家孤兒院合作。我問皮格恩，這些領養案當中有沒有個案引起他的疑慮，他停了一會兒沒說話，接著表示：「我們的律師之前就檢查過文件，沒看到有需要擔心的地方。」

而在我首次見到那對美國夫妻後的隔天，我們三人再次一起坐在寒冷公園裡一張歷經風吹雨打的野餐桌旁。一輛巡邏警車減緩速度，警察看了我們一眼，接著繼續往前巡邏。眼淚不斷順著那位母親的臉頰滑落，我分不清她是生氣還是心碎，或許兩者都有吧。她說：「對他而言，印度不存在。」

那對夫妻告訴我，那男孩──他們已經替他取了新的名字──是他們從印度領養的第三個孩子。雖然這是他們第一次交由波格特領養服務中心處理，但領養過程並沒有太大的不同，他們付了一萬五千美元的費用，飛到印度，前往馬來西亞社福中心，接著跟負責人見面。丈夫解釋道：「我們喜歡領養。法規變了好多，我們考慮過韓國和南美，不過印度是最開放的。」也就是說，困難度最低的。

我把自己對該起印度警方案件所知的一切，一五一十告訴了那對夫妻。比方說，被起訴的綁匪的自白，孩子的年齡，進入孤兒院的時間點，據稱偽造的放棄書，生父對相片的指認，將亞西拉夫交由他們家撫養的法律文件，諸如此類的。可是，他們仍然不信服，丈夫說：「要我們相信的話，需要有更多資料才行。」DNA證據或許是唯一能確定的方法，不過，那得讓孩子接受驗血，又要怎麼跟孩子解釋呢？而且，如果不符合的話，印度的那一家人要如何確定樣本的採集是正確的呢？

必須採取過渡步驟，讓這兩家人相互聯繫才行。可是，美國這對夫妻還沒決定自己的立場。丈夫皺眉表示：「我們要跟律師討論。我們必須為兒子著想，要是他發現了，不曉得會對他造成什麼影響？」

至於接下來的發展，沒有藍圖可循。勞烏發現，政府不太有意願追查被竊兒童。經過這麼多年的時間，道德的界限仍舊愈來愈模糊；不過，假使是美國兒童被綁架到印度貧民窟的家庭裡養大，追訴時效是不是也同樣適用呢？

關於這點，《海牙跨國領養公約》並沒有太大的幫助。公約並未明訂被綁架的兒童是否必須歸還生父母，也沒有考慮到那些不記得生父母的兒童在與生父母重逢後所遭受的衝擊。研究領養問題的荷蘭烏特勒支（Utrecht）大學資深心理學教授羅內・霍克伯根（René Hoksbergen）表示，那男孩應該要知道自己的來歷，但要等到將來才能告訴他。霍克伯根在電子郵件裡告訴我：「綁架議題可以用不同的方式告知，但不是現在，那孩子年紀太小，不應該告訴他。」他還說，同時，美國的養父母應該要聯繫印度的生父母，把孩子的消息和相片寄給生父母，以減輕生父母的悲傷情緒。只要雙方都認為彼此講的是同一個小孩就行了。

不過，就是在這個關頭，事情變得更混亂了。我回到了清奈，在那次公園會晤的兩個月後，依舊沒收到美國夫妻的隻字片語，他們不理會我後續寄去的電子郵件，席娃嘉瑪和勞烏心急如焚。勞烏以哀求的語氣說：「你見了他們，你跟我說他們人很好，你還看見我們的兒子，那麼，他們為什麼不願意跟我們談？我們知道他住在很好的家庭，也知道要求他回來是不切實際的，不過起碼要讓我們知道他的消息啊。」

勞烏催我再寄一封電子郵件給美國的那對夫妻，該封郵件描述了男孩身上的幾個胎記，以及一條小疤痕，我之前給他們看的文件未曾提及這些特徵。接著，到了今早，我就發現了收件匣裡有一封回信。養父回覆說，他兒子身上沒有勞烏描述的特徵，並在結尾寫道：「此時此刻，我們什麼事也不會做，請向那家人轉達我們的慰問。我們能體會到他們所經歷的，也明白這消息對他們而言會是很大的打擊。」

我把這件事告訴副警長鄉卡，鄉卡對此感到懷疑，若有所思地說：「他們可能在說謊，不然就是胎記可能消失了。我們很肯定配對相符，每一件事都直指那個美國家庭。」

他補充說道，這件事或許很快就會徹底了結，因為他隸屬的警局在前一年的八月向國際刑警組織要求採集那男孩的血液與頭髮樣本，如今該項要求終於送到美國司法部長的辦公室裡，日後有可能轉送到美國聯邦調查局進行後續的調查。

不過即使如此，也同樣毫無保障可言。要是那對夫妻決定反對美國聯邦調查局的要求，那麼優秀的律師就有可能會讓這件事陷入僵局好長一段時間，久到孩子都長大成人。到了那個時候，這件事的決定權就會落到那位年輕人的手上。

開始調查蘇巴希身分的一年後，該案幾乎毫無進展。印度警方一直處於即將交出另一份起訴書的階段，卻永遠沒能交出。美國的那一家人則繼續保持沉默，他們的消息愈來愈稀稀落落，只有《瓊斯媽媽》雜誌網站上的一則匿名評論文，些微透露出他們心中的想法。那位匿名評論者聲稱自己跟那個美國家庭的關係很近，他寫道：

那對父母根據印度家庭所提供的不完整資訊，決定不要擾亂這孩子現在的穩定生活。等孩子大了，養父母打算把情況告訴他。如果他想要探究下去，我知道他們會支持他的決定。這個家庭已經做了決定，這並非出於私人的滿足感，而是出於真切的關愛，為了兒子的心理健康著想。他們是最貼近情況的人，他們最了解這孩子。給他們自由，讓他們根據所有的資訊，用愛為兒子做出選擇。

該則評論文章張貼後數個月，鄉卡也通知了我，DNA檢驗正在進行中。經過數年的施壓後，美國聯邦調查局終於採集了樣本，送到印度的檢驗所。由於檢驗所必須完成積壓數年的工作量，因此在這裡就得靜觀其變，等待檢驗所用科學角度回答蘇巴希的身分問題。

然而，無論我有沒有插手，那個美國家庭仍舊尚未透過任何方法聯繫勞烏與席娃嘉瑪，沒有為該起警察案件提供證據。他們聲稱孩子沒有那樣的胎記，卻不允許外界人士來檢驗。

不過，勞烏還是懷抱著希望，仍舊經常長途跋涉到高等法院附近的一棟辦公大樓，用自己的勞力換取清奈頂尖律師的服務。他爬上了混凝土階梯，走到後方的辦公室，經過了平板玻璃窗，在那裡，幾位法律書記正在替辯護狀歸檔，並撰寫一堆堆的辯護狀。

埋在堆積如山的文件裡的某處，就是他為了失蹤兒子所提出的申訴書。

他大步邁進繁忙的辦公室，問了他第一個看見的書記，美國那邊有沒有消息？

席娃嘉瑪與勞烏的手中拿著失蹤兒子的相片。1999年，蘇巴希在清奈街頭遭人綁架。警方表示，蘇巴希現在跟某個基督教家庭住在美國中西部。雖然我聯絡到那一家人，但是他們拒絕檢驗孩子的身分，說等孩子18歲了，再跟他說，他有可能是遭人綁架的受害者。

0度以下的貯藏容器是專用於冷凍存放人類卵子。這些裝有卵子的桶子放在西班牙巴塞隆納的馬奎斯協會地下實驗室裡。在西班牙，賣卵人多半是移民與學生，捐卵可賺得800至1,500美元。

第五章

# 聖母懷胎

克萊諾斯．崔考斯（Krinos Trokoudes）論及自己對女人的了解：「付了錢，就會得到很多女孩。」崔考斯話裡面的意思，可能跟你想像的有點出入。崔考斯是位胚胎學家，工作內容就是採集卵子。他腦袋上那層厚厚的銀髮很是搭配他每天穿的白色實驗袍，而溫暖的微笑也可以立刻讓患者輕鬆下來，正如他辦公室牆面上掛著的醫學文憑那般令人放心。

一九九二年，他採用體外受精（IVF）技術，不僅幫助了四十九歲的婦女成功懷孕，也破了金氏世界紀錄。雖然這項紀錄之後又被破了好幾次（二〇〇八年，七十歲的印度婦女經由人工受精生出雙胞胎），但是崔考斯開創性的成就，使得祖國賽普勒斯願意突破胚胎領域界限之名聲更加鞏固。此後，賽普勒斯這個位於地中海中央的小島國，以其崎嶇的地形、怠忽的監管、全球化的經濟體，成為全球卵子貿易的中心。

從某種意義上而言，女人的卵巢有潛力把生命帶到這世上，同時又是一個蘊藏近三百萬顆卵子的金礦，等人採集，賣給出價最高者。崔考斯則是同時站在這兩種角度看待卵巢。崔考斯的佩狄奧斯（Pedieos）診所自一九八一年開業以來，就一直在跟幾乎可說是源源不絕的捐卵者合作，這些婦女大都並非土生土長的賽普勒斯人，但共通點是她們都相當貧窮，而捐卵所獲得的現金，可大幅補貼收入。崔考斯聳了聳肩說：「在所得低的區域，就會有捐贈者。」賽普勒斯有著島國常見的生活成本過高問題，還有大量的低薪移民人口，不啻是缺現金的捐贈者之完美溫床。

在賽普勒斯，全套植卵服務（含體外受精在內）的費用為八千至一萬四千美元不等，相較於西方世界是次便宜的地方，費用低了百分之三十。更重要的是，患者等待植入捐贈者的卵子時間，很少有等超過兩週的。對於從英國飛來的婦女而言，可謂是一大福音；因為英國對捐卵者有著嚴格的限制規定，而等候名單已排到兩年以上。今年，崔考斯的患者有三分之一是從國外飛來的，他更希望日後國外患者人數能增加一倍。

「有了捐贈者，」他說：「就等於有了一切。」

過去十年來，全球的卵子需求量已呈指數成長，而且在沒有明確的指導方針之下，生育產業已迅速繁殖成一隻價值數十億美元的巨獸。同時在體外受精技術推行三十年之後，每年出生的試管嬰兒也多達二十五萬左右。雖然多數嬰兒仍是生母卵子的產品，但是一些年紀較大（有時是停經後）的婦女想成為媽媽的欲望，卻促使了法律上仍有疑慮的卵子市場快速成長。現在，這門生意從亞洲一路到美國，從倫敦、巴塞隆納等富裕地區，再延伸到俄羅斯、賽普勒斯、拉丁美洲等落後地區。

在這門生意裡，角色有好心的醫生和裝配線上的庸醫；絕望的夫妻和意外崛起的企業家，他們全都爭著原料來源——生育年齡的婦女。如果這行真有所謂的管制的話，也是不均的管制。雖然各國已經試圖管控國內市場，但是機票價格便宜，加上國際方針鬆散，使得危險又不道德的卵子採購，就跟取得護照一樣簡單。今日，來自貧窮國家的貧窮婦女將卵子賣給企業家醫生，然後醫生再把卵子賣給富國的有錢患者。這引發了一連串重要的道德議題：把婦女當成母雞，讓她因類固醇而發胖，藉以取得她的卵子賣出，這樣真的可以嗎？我們製造滾球軸承時所應用的標準，是否也適用於生命的基因晶胞以及帶有晶胞的婦女呢？卵子是否只是個零件，而捐贈者只不過是個輪齒？

可惜，幾乎所有的西方國家已在這個道德難題放下了籌碼。有的國家，如以色列，禁止在本國領土採集卵子，卻仍補助體外受精的國民。即使是利用國外取得的捐贈者卵子進行體外受精的國民，亦可獲得補助。

雖然美國法律對於捐卵並無規定，但美國生殖醫學會（American Society of Reproductive Medicine）卻有個不具約束力的指導方針：若補償金超出薪資損失與交通費，則會被視為不合乎道德。而賽普勒斯的情況則跟歐盟其他國家相同，該國負責管制生育診所的衛生署官員凱洛琳娜．史提里亞諾（Carolina Stylianou）表示：「允許支付補償金，但不准付款。」沒錯，這說法聽起來未免也太曖昧不明了。

所有曖昧不清的情況造成市場異常活躍，有各種價位、各種服務。在美國，植卵服務包括了捐贈者卵子、實驗室工作、體外受精程序，收費高達四萬美元以上。但若是在賽普勒斯接受體外受精，則可省下大筆金錢，這誘因使得世界各地的人們前往賽普勒斯。對於卵子賣家（或稱「捐贈者」，若您偏好這種稱呼的話）而言，價格到處都有。美國婦女賣出一批卵子，平均可獲得八千美元；若是常春藤盟校畢業生，且有運動選手身材者，價格更是高達五萬美元以上。在美國這個最為開放的市場，潛在的捐贈者把個人資料張貼在網路上，供患者細讀，學業能力傾向測驗每增加一百分，卵子價格就會增加約兩千三百五十美元。另一方面，沒受過教育的烏克蘭婦女，在基輔施打多種預備荷爾蒙，然後飛到賽普勒斯取出卵子，並在沒有術後照護就被送回家的情況下，她的一批卵子卻只值數百美元。

這一行的運作方式就跟其他的全球化產業一樣，利用法律管轄範圍的不同、收入的差異、當地的倫理審查狀況、生活水準等，藉以獲得競爭優勢。根據歐洲人類生殖和胚胎學協會（European Society of Human Reproduction and Embryology，簡稱 ESHRE）研究，歐洲地區每年有超過兩萬五千人跨國尋求生育治療。原則上，卵子商業市場能以符合道德的方式運作，但目前國際體系所針對的對象是脆弱的潛在捐卵者此一特定族群，並有效創造出兩種人：一種是販賣人體部位者，一種是受贈者。

同樣是捐贈，但捐卵跟捐血非常不同，捐卵是一種漫長又痛苦的過程，至少需要兩週的荷爾蒙刺激，然後再動手術取出卵子。捐卵就有如賣腎，並不是輕率就可以做出的決定。再者，捐卵的風險幾乎等同於一般的手術與麻醉，注射荷爾蒙所引發的併發症也會使人痛苦萬分，有時甚至會致命。但即使如此，捐卵手術在世界各地還是極受歡迎，而卵子需求量日益增加，也遠遠超過那些純粹出於善意而願意免費捐卵給陌生人的利他捐贈者之供應量。

然而，有關卵子的捐贈，主流醫學倫理觀仍主張「利他捐贈」是唯一能接受的標準作法，這讓立法者處於站不住腳的立場。一方面，歐美當局需要大量的捐贈者，方能促進生育產業的成長繁榮；另一方面，又希望能在利他體制以外，另建一體制，侷限那些讓婦女願意捐卵的誘因類型。

若提及有哪些動機可促進婦女捐卵時，「補償金」與「款項」這兩個措辭其實並沒有太大的差別，唯一差別只是補償金代表的是價格比較低。款項低的話，怪不得只能誘使最貧窮或最絕望的人捐卵。立法者儘管是出於善意，卻等於是有效地把補助金給了生育診所，讓診所購得原料，而生育業務之所以蒸蒸日上，都是利用窮人的子宮所致。這

賽普勒斯尼柯西亞的崔考斯醫生經營一家成功的生育診所，吸引了許多國外客戶前來植卵。賽普勒斯的其他診所讓捐卵者從烏克蘭和俄羅斯飛來，以求快速取得她們的基因物質。賣卵者可賺得約1,000至1,500美元，用於補償她們所花費的時間，以及經歷的不便。

樣的關係從來就不是互惠。

賽普勒斯前一陣子加入了歐盟，現在正走到十字路口，面臨關鍵時刻。究竟是要加強管制，降低供應量，藉以控管當地卵子市場？還是要讓貿易自由化，打開大門，付款給捐卵者，並讓捐卵者人數大幅增加呢？在某種程度上，賽普勒斯有如一張石蕊試紙，可用來試驗人體部位產業的未來情勢。在俄羅斯、烏克蘭等非歐盟國家，已有診所在國際市場上宣傳其多少不受法規管制的卵子產業，但是由於這些國家沒有歐盟品牌掛保證，因此很少人願意前往當地接受生育治療。即使是像印度這類更遙遠的國家，用現金招募捐卵者似乎不成問題，結果也一樣。賽普勒斯是有如美國蠻荒西部卵子礦脈的完美產業平台，其採用品質最佳的藥物（與白人嬰兒）更是聞名於世。

若按人均計算，賽普勒斯的生育診所數量高居世界之冠，是地球上採卵量最多的地點之一。賽普勒斯的生育診所無論有沒有執照，都會提供體外受精手術，以及各種生育服務，即使是其他地區禁止的一些服務（如性別篩檢），賽普勒斯的生育診所照樣提供。賽普勒斯的生育產業融合了灰市金融交易的陰暗世界以及人體組織的商業化。人們從以色列、歐洲、世界各地，飛來賽普勒斯。在這裡，想要孩子的夫妻可找到收費便宜的服務，貧窮婦女可找到市場賣卵子。賽普勒斯是卵子市集，從供需等式的兩邊中獲利。國際化讓監管成了一則笑話。

「最活躍的生育診所，其實是由可疑人士在大太陽底下運作的。有人說，世界協會或某國協會會撤銷他們的會員資格，但他們一想到這點就只會一笑置之而已。立法者都是些沒牙的狗。縣立和州立的醫療協會和委員會，只在議題帶有墮胎意涵時，才會表示關切。站在國際層級的角度來看，在所有的地方當中擔任此角色的賽普勒斯實在引人擔憂，問題重重……要說賽普勒斯已準備好認真運作生殖中心，實在異想天開，倒不如說南韓已準備好進行人類胚胎幹細胞研究。」《美國生物倫理學期刊》（*American Journal of Bioethics*）編輯葛蘭・麥基（Glenn McGee）在電子郵件裡如此寫道。

類似崔考斯醫生這樣的賽普勒斯外科醫生，從自家診所開業之後，向來都勇於突破醫學界限，但有時，他們過了頭。比方說，名字很響亮的國際體外受精與胚胎著床前遺傳診斷中心（International IVF&PGD Centre），一直以來都不斷遭人揭發，也成為警方調查的對象。該診所創辦於一九九六年，自從以色列國內禁止有償捐卵後，這裡就是以色列人尋求生育治療的目的地，當地人稱之為「佩特拉診所」（Petra Clinic）。診所位於少有人跡的海濱道路上，介於茲吉（Zygi）與馬隆尼（Maroni）這兩個漁村之間。在狂風大作的冬季之日，一陣又一陣帶著鹹味的寒風接連擊打著那棟被圍牆包圍的破舊建物，看起來實在不像是生命誕生的興盛之地。

前一天，我在電話上跟歐雷格・維林斯基（Oleg Verlinsky）談過了，他是已故老闆尤里・維林斯基（Yuri Verlinsky）之子。尤里創辦的佩特拉診所是以美國芝加哥為據點的生殖遺傳學院（Reproductive Genetics Institute）的子公司。尤里逝於二〇〇九年，其遺產仍有待遺囑認證；不過，就現在而言，起碼有歐雷格負責經營，當中包括土耳其、俄羅斯、加勒比、美國各地的分支機構。在倉促的電話交談中，他向我告知，佩特拉診所主要並非生育診所，只是有提供生育相關服務罷了，包括捐卵在內。他跟我說，我想要造訪診所，是不可能的事，他說現在診所幾乎是用於專門治療罕見血液疾病。

他的說法讓我嚇了一跳，診所網站可不是這麼說的。比方說，二〇一〇年二月初，網站上便列出一堆捐卵者，當中包括了許多俄羅斯人和烏克蘭人。由於捐卵者只會在佩特拉診所待上短短的兩、三天，所以他們是在國外診所注射多劑荷爾蒙，然後飛到佩特拉取出卵子，再飛回家。網站上沒有相片，但清單上列出了詳細的描述。其中一項如下：

編號 17P，烏克蘭人，身高 175，體重 59，血型 B+，髮色：栗色，眼睛顏色：棕色，教育程度：大學，職業：藝術家，年齡：23，抵達日期：2月2日至10日，預計取出日期：2月5日至7日。

在一般的認知上，「生育旅遊」（fertility tourism）是指患者飛到收費較便宜的地點，接受低廉的療程；不過，生殖遺傳學院卻是把賽普勒斯當成是便利的中轉點，利用這個合法的灰色區域，服務以色列、美國、英國、西班牙、義大利的國外患者，以及俄羅斯與烏克蘭的卵子賣家。這項革新使得當地的賽普勒斯人永遠不用知道診所牆內所發生的事情，而捐卵者所可能引發的併發症也大都只在回國後才會顯現。

儘管維林斯基勸我別去，但我還是開車親自跑一趟佩特拉診所。診所的紅色磚牆上有十字架，屋簷有雕成怪獸狀的滴水嘴，外觀有如只修復一部分的舊世界修道院。接待我的是俄裔管理人員嘉琳娜・伊瓦諾維娜（Galina Ivanovina）。她起初並不想跟我談，說記者都故意以不利於診所的角度，做出錯誤的報導。這幾年來，數家倫敦報紙已報導該診所有意以超出安全範圍的程度，過度刺激捐卵者製造更多卵子，這樣一批卵子就可以分賣給多位患者使用。把一批卵子分給多人，就表示每一次的卵子週期可創造出多倍利潤，然而一批卵子中的卵子數量大增的話，往往無法製造出最佳品質的卵子，成功率經常會暴跌。英國《獨立報》也曾有過新聞報導指出，該診所提供非法的性別篩檢程序。二〇〇六年，《衛報》則詳細描述佩特拉診所跟莫斯科和基輔若干法律上有疑慮的生育診所有關聯。

這些指控似乎對伊瓦諾維娜造成負面影響，她覺得自己是箭靶。她開始扭著雙手，低聲說話。她說，如果佩特拉診所在組織販賣方面玩弄了法律，那麼賽普勒斯的其他家生育診所，甚至是全世界的生育診所，都跟佩特拉診所一樣有罪。

她又接著說，來診所的婦女都是「基於經濟理由才做的，沒其他原因」。她們獲得五百美元，以補償她們所花費的時間以及身體所面臨的潛在風險，所有捐卵者都來自國外。她默認了購買卵子的行為，卻又說過度採卵的指控是不實的，一批卵子最多只會分給兩位顧客。賣家在抵達佩特拉診所之前，早已先注射了大多數的荷爾蒙，佩特拉診所只負責採集卵子，因為佩特拉診所人員受到國外診所實施的醫療方案所約束。她說，她只記得有一位患者對荷爾蒙療程有了負面反應，「實在嚇人，我們馬上把她送回尼柯西亞（Nicosia）治療。」

我聽過那女孩的個案。在鄰近的利馬索負責管理創世紀診所（Genesis Clinic）的胚胎學家薩瓦斯・考道洛斯（Savvas Koundouros），正是當時負責治療那女孩的醫生。他說：「他們做的事情實在太可惡了，害婦女生了病，卻把婦女送回家，讓烏克蘭的醫生治療。」當她送到醫院時，已經有一腳踏進鬼門關了。

由於診所已連續兩年都處於猜疑的鎂光燈下，所以伊瓦諾維娜早已經準備好面對最糟糕的情況，她似乎預期警方會隨時上門。而她也沒有等待太久，在我拜訪佩特拉診所的三個月後，賽普勒斯警方突襲診所，指控診所人員販運卵子。警方在尼柯西亞的記者會上表示，他們已取得三名婦女的自白，她們從烏克蘭飛來捐卵，佩特拉診所非法支付款項給她們。不過，這並非是當局勒令該診所停業的官方理由。當局表示，佩特拉診所的醫生只有治療地中海型貧血的執照，不可處理卵子捐贈。而在警方突襲後，維林斯基承認佩特拉診所「應該是治療地中海型貧血的主要中心，不過有些中心是在其他地方開業。地中海型貧血患者並不多，而我們注意到了人們對卵子捐贈的需求」。畢竟，診所要考慮到損益，必須提供人們有需求的服務。

目前的問題在於，警方為何選在那時突襲診所？在某種程度上，佩特拉診所是完美的箭靶，其老闆是外國人，只為國外患者提供植卵服務，謹慎避開本國的捐卵者與受贈者。此外，警方對診所的指控都帶有異國性質，比方說，來自國外且生活貧困的烏克蘭婦女，在在顯示了這類問題的棘手程度遠高於違反許可、從事地中海型貧血治療以外的項目。在國際管轄區之間把一批卵子分給多位患者，是否正當呢？不光是這個問題而已，還要考慮到這種行為一般對於組織的購買又有何種意義？正如伊瓦諾維娜所言，出問題的不是只有佩特拉診所而已。世上的每一位胚胎學家都必須思考，補償金與款項之間的界限究竟在哪裡。如果不能把人體視為商品，那麼診所應該從哪裡取得原料呢？

如「捐贈者」一詞所指涉的意涵，供應卵子者最好是基於利他立場而捐卵的婦女。根據歐盟法律，歐盟國家（如賽普勒斯）必須「盡力」確保人類卵母細胞的捐贈是自願且無償的，不過卻又允許支付補償金，彌補薪資損失和交通費。歐盟衛生委員安卓拉・華西里奧（Androulla Vassiliou）表示，關鍵在於「歐盟會員國要在哪裡畫下經濟獲利與補償金之間的界限」。可是，這種詭辯的說法，顧客與供應商輕易就能規避。生物倫理學家麥基表示：「領養貓咪的困難度還比採購卵子高一倍呢。」根據歐洲人類生殖和胚胎學協會在二〇一〇年所做的一份研究調查顯示，每年為了那些到國外接受不孕治療的歐洲婦女，所進行的捐卵次數竟然高達兩萬五千次。百分之五十以上的受訪者之所以選擇在國外治療，是為了規避家鄉的法規。而在賽普勒斯，介於十八歲至三十歲間的婦女約有七萬六千人符合捐卵者的資格，崔考斯醫生評估，在這些人當中，每年約有一千五百人（約五十人有一人）會販賣自己的卵子。這個數字高得令人難以想像。相較之下，在美國，每一萬四千名符合資格的婦女當中，只有一人會捐贈卵子。

或許，更令人不安的是，其實賽普勒斯的捐卵者大都來自於人口相對較少的貧窮東歐移民，她們急於販賣卵子，任何價格皆可接受。雖然賽普勒斯政府統計資料並未劃分捐卵的類別，但是所有的診所都強調備有大量的東歐捐卵者，這是因為東歐人皮膚白皙，教育水準高，很容易就能行銷給西歐顧客。賽普勒斯的俄羅斯人、烏克蘭人、摩爾多瓦人、羅馬尼亞人共有三萬名，估計當中有多達四分之一的人賣卵。

翻開俄文週報，夾在後面幾頁的徵人廣告之間的，就是徵求捐卵者的廣告。上面的俄文如果翻譯出來，大意就是：「需要捐卵者協助沒有孩子的家庭。」還附上電話號碼，可聯絡未署名的診所。凡是讀了廣告的人，都會知道對方會付款買卵子。

這類廣告在賽普勒斯的媒體上更是普遍，但與三、四年前相較，現在的徵卵廣告似乎比較少了。有可能是因為賽普勒斯即將抵達飽和點，多數的潛在捐卵者已被招募，現在要找到新的卵子來源比較困難。為克服難關，許多診所現在轉而倚賴偵查員，偵查員會主動尋找及結交有可能捐卵的婦女。我找到了娜塔莎，她目前正在賽普勒斯知名生育診所擔任偵查員的工作，她同意跟我會面，討論她的工作內容，但必須在書中更改她的姓名。

娜塔莎說，診所大都想找俄羅斯的捐卵者，因為西方患者希望生出來的孩子膚色較白，這一點對診所也較有利，因為移民就業前景不佳，找俄羅斯人不僅比當地人容易，也比較便宜。恰巧娜塔莎自己也是來自俄羅斯的小村莊，十五年前來到賽普勒斯。她特地描述了一名典型捐卵者的狀況：「一開始她跟賽普勒斯的網友交往，當來到賽普勒斯時，還以為自己會過著很好的生活。可是，兩、三個月後，他們分手了，她沒工作、沒簽證、沒地方住，也沒方法可賺錢。對這裡的俄羅斯人而言，要取得合法的文件很困難，而她必須馬上賺到錢。最後，她想到自己擁有的就是健康的身體，如果幸運的話，還有個相當漂亮的長相。」娜塔莎跟我說，從事偵查工作這麼多年來，從沒遇過有哪個女人是基於錢以外的理由捐卵的。她說，她說服了一位被困在賽普勒斯的女人，那女人後來在娜塔莎的沙發上睡了一個月，賣卵子給診所，「她拿到錢之後，就買機票回家了。」

甚至有時候，就連醫生也要親自出馬，尋求捐卵者，例如，卡門・皮斯拉魯。她是羅馬尼亞人，之前的工作是在賽普勒斯與希臘的夜總會跳舞。她說，在她生下第四個意外懷上的孩子，還住在醫院等待復原時，曾幫她安排孩童領養事宜的醫生，問她願不願意賣卵。她說：「他知道我的處境淒慘，我沒錢又沒方法可以養家。」現在的她仍是沒穩定的工作，替人打掃房子維生，臉頰上還留著幾道明顯的白色疤痕，那是某位負心的情人用刀子攻擊她所留下的。

皮斯拉魯說，醫生出價兩千美元現金，她當場回絕了。可是，那位醫師不放棄，接下來的一個月，每週都打電話給她，希望她會改變心意。不過在他失敗後，轉向希望她可以介紹幾位可能會答應的婦女，她把幾個名字給了他。後來，她認識的這幾位女性接受了他的出價。她說：「這裡有許多婦女賣卵子維持家計，我們全都是弱勢。」

不過，受Ira V. Decamp計畫贊助的普林斯頓大學生物倫理學教授彼得・辛格爾

（Peter Singer），對於販賣卵子一事，則覺得沒有太大的問題。他在電子郵件裡寫道：「我認為，在理論上，買賣可替換的人體部位不一定比買賣勞動力還糟糕，而我們一直都是在販售勞動力啊。例如一間公司轉向海外發展時，也會發生類似的剝削問題，可是窮人卻能藉由此項交易，賺錢維生。我不是在說賣卵根本沒問題，這顯然是有可能會發生問題的，因此，最好能在管制監督下公開交易，這樣總好過於黑市。」

我在撰寫本書時，賽普勒斯議會正考慮通過新法律，取締國內的卵子交易，對於公開買賣人體組織的診所，要處以新的嚴厲處罰。不過，頂尖的胚胎學家正在極力反對這項法律的通過，害怕這項法律將會讓整個醫界都受到制裁。

賽普勒斯外科醫生考道洛斯——從佩特拉診所接收瀕死捐卵者的醫生——在國內很受歡迎，有如《急診室的春天》喬治．克隆尼的賽普勒斯版本。男人碰見他，會在他的背上輕拍示意，女人則會親吻他的臉頰。他是個英俊的胚胎學家，也讓眾多婦女得以懷孕，簡直比成吉思汗還厲害。他那棟高科技的「創世紀」診所坐落於利馬索市區，此時我們倆正站在診所三樓的陽台上。我問他，新的法律對於尋找捐卵者的過程，可能會造成何種影響。他深深嘆了一口氣，點了菸，開口說：「我想要告訴你的事情，是我不能說的。」

所有的生育診所都被困在兩個對立的道德難題之間。「顯而易見，如果捐贈被描述為利他的行為的話，這就表示不得支付款項。可是，捐贈者會基於做好事的心態，就接受為期數週的多次注射以及之後的全身麻醉手術嗎？這怎麼聽來都不合理。」對他而言，這當中的風險很大，前一年，他投資了一百多萬歐元，興建頂尖的體外受精實驗室，實驗室裡有負壓氣鎖門，還有三個房間裝滿了貴得要命的儀器。而只有在他能向顧客保證提供一定的卵子供應量時，這項投資才稱得上合理。如果賽普勒斯採行了利他主義唯上的模式，禁止支付款項給捐卵者，那麼他很有可能根本就找不到任何卵子可採集。

想想英國的情況吧。二〇〇七年，英國通過立法，即使是支付低額補償金給捐卵者，也屬於非法行為，因此原是體外受精產業先鋒的英國，頓時一落千丈，成了一攤死水。曾經，英國的捐卵者人數充沛，如今卻已乾涸。在英國，接受捐卵的等候名單時間立刻激增至兩年，對於即將成為高齡產婦的婦女而言，兩年實在太久了。因此，當英國婦女需要卵子時就會直接飛往國外。賽普勒斯的診所會付錢給婦女買卵子，他們說這筆錢是補償金，不是支付的款項。此時，婦女們正成群結隊，前往創世紀診所。

由於各國的規定各有不同，因此多數診所都能躲在既吸引到顧客，同時又能規避國際法規的灰色地帶裡。不過，比法律更重要的是，採集卵子所帶來的風險。其實，捐卵者在每次接受荷爾蒙療程時，都必須冒著生命的危險，但或許她們本人並沒有被告知這點。經歷體外受精的婦女當中，約有百分之三會出現卵巢過度刺激症候群（ＨＳＳ），亦即卵巢裡的卵泡會變大，製造出過多的卵子。如果醫生不即時減少荷爾蒙的劑量，這種症狀有可能引發危險，甚至致命，那位烏克蘭婦女就是這樣，差點死在佩特拉診所。

而有多囊性卵巢的婦女尤其容易產生卵巢過度刺激症候群，因為她們的卵巢會一直因刺激而腫大。荷爾蒙會有效地讓卵巢超速製造出比平常更多的卵子。就採卵者而言，碰到有多囊性卵巢的婦女，一則以喜，一則以憂，喜的是她們會產生更多卵子，憂的是她們產生嚴重副作用的可能性增加了。然而，對於某些診所而言，多囊性卵巢捐贈者帶來的額外利潤實在太誘人了，他們願意挑戰安全的極限。

一九九六年至一九九九年期間，以色列醫生吉昂・班－拉菲爾（Zion Ben-Raphael）被控告在患者不知情下過度刺激卵巢，採集更多卵子。在其中一件案例中，他從一位不知情的捐卵者身上取出了一百八十一顆卵子，並將該批卵子分成多批，賣給三十四名想懷孕生子的患者。在他任職期間，總共有十三名婦女因他注射大量荷爾蒙而住院。《國土報》揭露該則醜聞不久後，以色列便禁止了有償捐卵。不過，這項禁令卻只是讓不孕夫妻轉往國外，促使佩特拉診所開始從事體外受精。

這件案例只不過是以色列醫生導致的一系列事件之一。在二〇〇九年七月，羅馬尼亞警方逮捕了兩名以色列醫生，這兩位醫生有計畫地帶以色列婦女前往布加勒斯特植入卵子。而一名十六歲的工廠勞工在賣卵給他們後住院，差點死亡。

如果說賽普勒斯的診所像是邊防哨所的話，那麼西班牙的診所則像是歷時已久的堡壘。自一九八〇年代中期起，西班牙一直是尋求不孕治療的歐洲婦女之首要目的地。巴塞隆納的馬奎斯協會（Institut Marquès）位於市區高檔地段，是十四世紀的馬車車庫，若親臨該地，就能了解他們為何能從卵子產業中賺上一大筆。

馬奎斯協會內部，在玻璃滑門和嗖嗖作響的氣鎖的後面，有兩間胚胎實驗室，裡頭有六名工作人員穿著藍色手術服和通風口罩，正在讓嬰兒的製造從浪漫的行為變成科學行為。一名望著電腦螢幕的女性，把某一區域放大，裡頭有許多不停蠕動的精子和一顆巨大的卵子。她在控制台上轉動一個撥盤，操控顯微注射針慢慢朝向一隻孤零零且不停蠕動的精子。注射針對準精子後，她按下另一個按鈕，將精子吸入電腦螢幕外的槽內。當精子抵達槽內後，一把微型小刀就會剪掉精子的尾巴。

「如果剪掉精子尾巴，將精子植入卵子後，精子內的基因物質就比較容易釋放出來。」她如此表示。然後，就像要強調這句話似的，她把針尖插入卵子的細胞壁，將那批微小的基因噴射到卵子裡。就在那一瞬間，實驗室裡有生命誕生了。

這個胚胎以及其他的兄弟姊妹，會有兩種下場。兩、三個最強壯最顯然可生長的胚胎，會植入於購買診所服務的婦女體內。剩餘的五、六個胚胎則會置於液態氮裡冷卻，以免第一批胚胎不奏效。只有第一批胚胎失效時，剩餘的胚胎才有機會脫離合子狀態，形成胎兒。

如果其中有一個胚胎真的著床，形成胎兒，他或她就有可能在英國長大成人。二〇〇九年，馬奎斯協會在倫敦設立一間衛星辦公室，提供全套的保證懷孕套裝服務，三個體外受精週期只要三萬七千美元。由於每一個週期約有百分之三十的機會可活胎妊娠，因此整體賠率佳。

一般而言，診所要先等到患者簽名同意後，才會開始尋找適合的捐贈者，但由於國外顧客一直源源不絕，因此根本不用等患者簽名，診所早備有一堆候補婦女注射荷爾蒙，準備捐出卵子。診所只要把入院的顧客以及供應鏈上已提供的卵子進行配對即可。

「找不到顧客的話，有時會損失卵子，不過有捨便有得，這種方式讓我們能夠保證供應量穩定。」該診所的胚胎學家喬瑟夫・奧利華斯（Joseph Oliveras）表示。這種系統大幅縮短了患者等候的時間，此外，根據西班牙法律，患者不得根據捐贈者的特徵做選擇，所以這種系統也有助於患者符合法律規定。捐贈者的配對全交給醫生自行決定，通常是依據表現型來抉擇，不過醫生做出的選擇或許也會視供應情況而定。

診所通常會在西班牙各大學大量招聘，偶爾也會在校園裡廣發傳單。大學文憑是吸引顧客的一大賣點，因為顧客最多只能知道捐卵者的文憑，所以大學文憑就顯得更重要了。然而，更可靠且更少提及的卵子來源——尤其現在西班牙的失業率已上升到接近百分之二十——則是非法南美移民，因為除了賣卵外，她們很少有其他的賺錢選擇。

英國的捐贈者妊娠網（Donor Conception Network）共同創辦人奧莉維亞・蒙塔奇（Olivia Montuschi）表示，對於這點，多數買家都覺得沒關係。她幫助不孕夫妻，讓婦女藉由捐贈的基因物質受孕（蒙塔奇的丈夫不孕，她的一雙兒女便是經由捐贈者精子受孕誕生的）。「婦女大都不在乎卵子實際上是從哪裡來的，她們徹底受夠了不成功的生育治療，所以不管要去哪裡要做什麼都願意。」

智利移民妮可・羅吉奎茲（化名）表示，她抵達西班牙不久後便將卵子賣給另一家診所。她說：「我們不是非法移民，我們是學視覺藝術的學生，可是我當初還沒拿到工作許可，捐卵似乎是很容易賺到錢的方法。」她很清楚診所期望的捐卵者條件：「我的皮膚有點黑，不過，幸好那時是冬天，我那時皮膚真的很白。我到了診所後，他們問我，我的膚色是什麼？我只要畫了個大濃妝，這樣他們就會說，我的膚色是白色。」

她一邊笑，一邊講述著首次跟診所招募人員的對話：「我問對方：『你們買卵子會付多少錢？』對方糾正我，說：『妳是說捐贈卵子吧。』我說：『對，抱歉，抱歉，是捐贈卵子。』」在採集卵子時，她選擇全身麻醉。等她醒了過來，一封裝了現金的信封放在她的身旁。她說：「那就好像見了妓女後，把現金丟在床頭櫃上。」一千四百美元的款項足夠讓她過四個月。

曾擔任巴塞隆納德克賽絲（Dexeus）診所患者助理兼國際承辦人的克勞蒂亞・西斯提（Claudia Sisti）表示，這些婦女的經驗全都相當類似。她說：「多數的捐卵者來自拉丁美洲，對她們而言這是最輕鬆賺錢的好方法。」有的捐卵者甚至成為職業捐卵者。「我認識一位巴西婦女，她在一年內賣卵四、五次，然後生了病。雖然她很瘦，但診所還是一直接受她的捐贈。」

從我訪問到的許多未經由診所公關部門所追查到的捐卵者，大半也都訴說著類似的故事。

阿根廷移民奇卡說，她去捐卵子的時候，看到一整個房間都是來捐卵的南美人，非常驚訝。「她們不是西班牙人，她們是移民，讓我覺得這是移民才做的事，似乎她們都在找方法活下去。」但那時注射的成效並不佳。「他們採集到的卵子都太大了，醫生說那些是超級卵子，於是決定停止療程。他們無法取得一整批卵子，付給我的錢只有原先答應的一半。」款項遭砍價，在在證明了診所付款不是為了補償她花的時間和不便，而是在購買可以使用的卵子。

終歸來說，儘管診所與管理人員的措辭說法都很冠冕堂皇，但是卵子其實就是交易的商品，有如供應鏈上的小零件。診所持續讓捐卵者招募策略保持形式化，並簡化妊娠程序，等於是為世上處理人體部位交易的方式，創立了新的模範。在某種程度上，卵子是一種可援用的判例（甚至比腎臟更適合），能夠藉此判定醫院在全世界的國家打破市場藩籬後，會如何處理看待人體組織的商業化。

「技術十分進步，」以瑞士為據點的精英體外受精（Elite IVF）生育服務公司創辦人兼執行長大衛．薛爾（David Sher）表示：「只要你提供精子，我們基本上就可以把嬰兒快遞給你。」當然了，多數的父母並不願意用如此冷酷效率的眼光看待這種交易。對這些父母而言，這個管理不善的市場所具備的正面意義，就在於能夠創造奇蹟。

拉維．艾倫和歐瑪．薛斯基是兩位住在特拉維夫的男同性戀情侶。為了讓他們的婚姻在以色列獲得認可，二〇〇八年二月，兩人在多倫多結了婚。不過，擁有孩子的夢想仍是遙不可及。艾倫說：「在這裡，同性戀伴侶要領養小孩，幾乎是不可能的。唯一實際的選擇就是雇用代理孕母，可是，唉，太貴了。」跟他們有類似情況的朋友查到了代孕與捐卵的價格，隨隨便便就超過三十萬美元，還要花上好幾年的時間處理法律糾紛。

不過，只要這對伴侶願意放眼全球，精英體外受精公司就會讓這整個程序變得比較簡單。精英體外受精公司的作法跟Orbitz機票網很類似，Orbitz會搜尋多個航班，找出最理想的交易，並把多段航程拼湊成較低的價格，最後薛爾找到了墨西哥市有白人捐贈者願意捐卵。不過，墨西哥並沒有全面的法律可保護求子雙親的權利。因此，薛爾讓代理孕母坐商務艙，從美國飛到墨西哥，接受了受精卵植入手術，一個精子來自艾倫，另一個精子來自薛斯基。二〇一〇年十一月，這一雙兒女以美國公民的身分在加州出生。

「對我們而言，這就像是中了樂透。」艾倫說。「在基因上，一個屬於他，另一個屬於我。但是，這兩個孩子也是兄妹，因為他們來自於同一個捐卵者。對我們而言，這是最美滿不過的家庭了，每一個人彼此之間都有關聯。」數週內，艾倫和薛斯基就能夠安排合法領養孩子的事宜，帶孩子們回特拉維夫。總費用：十二萬美元。

許多公司提供的服務跟精英體外受精公司很類似。他們把嬰兒的製造變成了全球化、產業化的過程，嬰兒只不過是非正式組裝線的最終產品。與妻子同住於亞利桑那州的薛爾認為，科學技術使得生殖離開臥室，進入實驗室，因此國外採購只不過是無可避免的結果。精英體外受精公司如同佩特拉診所和馬奎斯協會，為客戶提供較便宜的卵子以及一整套的生育療程，而且跟那些較為當地化的公司不同，它的營運範圍遍及世界各地，在英國、加拿大、賽普勒斯、以色列、墨西哥、羅馬尼亞和美國等地，都有辦公室與合作診所。薛爾打算不久要拓展到土耳其，土耳其現已禁止捐卵，他要利用這股預期將上漲的需求。

薛爾把卵子法規與價格差異，視為降低原料及服務成本的機會，並將節省的成本回饋到顧客的身上，顧客在所屬國無法取得的生育服務，精英體外受精公司幾乎都提供了。你想要做性別篩檢嗎？性別篩檢在多數國家是違法的，但是墨西哥診所可以幫助您。在美國的你，年齡大得不能接受體外受精嗎？賽普勒斯正是你所需要的。

時至今日，精英體外受精公司由診所、卵子賣家、代理孕母所構成的網絡，每年可製造出兩百至四百個小孩，幫助了許多像艾倫和薛斯基這樣的家庭。而且，事情只會愈來愈複雜。薛爾說：「未來的趨勢是設計嬰兒。」薛爾提到，曾有一位投資者想要跟精英體外受精公司合夥做生意，他描述了對方所提的合作方案。「亞洲的代理孕母懷著美國超級捐贈者的卵子，超級捐贈者就是學業能力傾向測驗拿到高分，而且獲得高學位的模特兒，她們的卵子可賣到十萬美元。這些嬰兒每一個可賣到一百萬美元，先是賣給我的那些投資人朋友，然後再賣到世界其他地方。」

雖然當時薛爾回絕了對方的提議，卻也說，遲早會有人往那個方向走。到了那個時候，情況變得古怪之時，或許政府就會插手了。生物倫理學家麥基預測：「我們不久就會開始認知到螞蟻徑生殖模式的危險性，彼此之間毫無責任的陌生人，以及能夠一溜煙消失的臨床醫師，他們因交易而碰面，並以人類的基本行為——生子——告終。」

就現在而言，我們只能思索著艾瑪·哈辛那和葉宏那坦·梅爾的意義。這兩個在艾倫和薛斯基的大腿上蹦呀跳的嬰兒，彼此的關係是言語難以形容的，卵子來自於同一位捐贈者，精子來自於不同的父親，都在代理孕母的子宮裡成長，他們既是雙胞胎，又是同母異父的兄妹。他們也是海報宣傳兒童，宣揚著體外受精與全球化所帶來的可能性。父母親為了獲得這樣的孩子，什麼事都願意做。而捐卵者為了能拿到合理的價格，也什麼事都願意做。

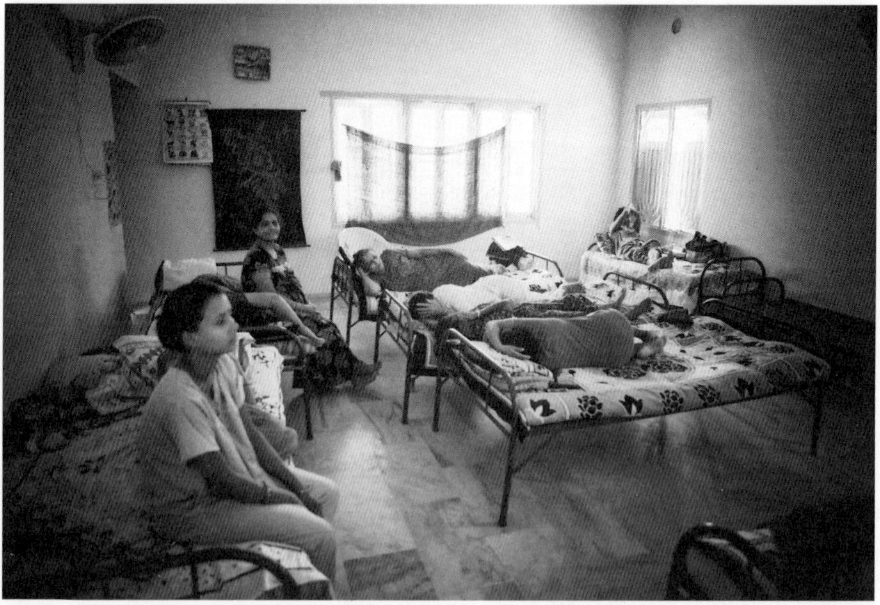

阿肯夏不孕診所（Akanksha Infertility Clinic）的宿舍，位於印度阿南德（Anand）。這些代理孕母在9個月懷孕期間，一直受到嚴密的監看，生產時往往採剖腹產。代理孕母的家人被允許可偶爾前來探視，屋子裡唯一的娛樂就是一台播放著古茶拉底肥皂劇的電視機。國外的求子夫妻支付診所約14,000美元，代理孕母可賺得6,000美元左右。

## 第六章

# 嬰到付現

這棟粉紅色的三層樓建築外觀布滿凹痕，內部鄙陋，離火車站只有幾個街區遠，絕對不會讓人聯想到這裡是印度最成功的代理生子公司。不過，當歐普拉熱烈討論「阿肯夏不孕診所」時，這家位於快速成長的阿南德市內的診所立刻一夜成名。該家診所讓捐贈者的卵子受精，將胚胎植入代理孕母的子宮裡孕育，以每週將近一個嬰兒的速度，提供契約嬰兒。

除了二〇〇七年歐普拉那引起波瀾的介紹片段外，其實阿肯夏不孕診所創辦人奈娜‧派特爾（Nayna Patel）醫生自二〇〇六年起便一直是許多人發表文章讚揚的對象，這些全都讓派特爾成了不孕中產階級夫妻的救世主，也打開了美國孕事外包的水門。如今歐普拉的親筆簽名照就掛在診所的顯眼處，診所也聲稱他們的等候名單多達數百人，更有新聞指出，阿肯夏不孕診所每週至少會收到十幾位新顧客詢問有關代理孕母的事宜。

現在在我的眼前，穿著鮮豔橘紅色紗麗的派特爾醫生，坐在一張足以占滿房間三分之一空間的長桌子旁，沉甸甸的鑽石珠寶就掛在她的脖子、耳朵和手腕上。她咧著一張大嘴笑著，露出半是禮貌半是警戒的表情，招手請我坐在旋轉辦公椅上。我沒預約就直接跑來這裡，因為擔心要是事先打電話，她會拒絕見我。儘管有許多頌揚的新聞，但是在我來訪的數週前，卻有批評文章接二連三開始出現，該家診所將代理孕母隔絕在有人看守的宿舍裡，這種頗具爭議的作法引來抨擊。

當中還有報導指責阿肯夏不孕診所幾乎無異於嬰兒工廠。我問派特爾，她對那些批評有何看法，她如此回應：「全世界的人都會指責我。女人會指責我，男人也會指責我，我才不要因為這樣就一直回應這些人。」

她好像是為了證明自己的立場似的，接下來二十分鐘都禮貌性地迴避著我的問題。當我再度問她宿舍的事情時，她就直接把我送出門。不過，像阿南德這樣的小地方，即使不用她的幫忙，要查到那些婦女住的地方也不是難事。

離診所約一英里遠的僻靜街道上，有一間負責發放配給米給無數的赤貧客戶的政府配給店舖，該店舖對面是一間外觀矮寬的混凝土平房，被混凝土牆壁、帶刺鐵絲網和鐵門包圍著。警方曾將這棟平房當成倉庫，用來存放警方突襲時所查緝到的私酒（阿南德正如印度古茶拉底邦的其他城市一般，也實施禁酒令）。之所以採取這些安全措施，是為了避免販賣私酒的人忍不住取回證物。

現在，這棟平房正是阿肯夏不孕診所兩棟代理孕母宿舍的其中一棟。在這裡，孕母雖非囚犯，但也不能自由離開。這些婦女全都已婚，至少生過一個孩子，她們犧牲自己的自由和身體的舒適，進入印度迅速竄起的醫療與生育旅遊產業，成為孕母勞工，在整個懷孕期間都要被關在這裡。一位警衛穿著看似官方的制服，攜帶竹棍，在前門那裡監看每一位婦女的行動。家人很少會過來看她們，但在多數的情況下，是因為窮得沒辦法過來。

在這裡戶外活動是禁止的，就算只在附近街上走走也不行。要通過警衛那關，她們必須先在診所預約，或經過督察特殊允許才行。她們用自由交換得來的是一筆鉅額的金錢（就其微薄的生活水準而言），不過在診所的國外顧客都很明白，那樣的金額簡直就是剝削。診所的主要顧客都是來自印度境外，阿南德的其中三家民宿，經常會有來自美國、英國、法國、日本、以色列的求子旅客預訂。我在口譯員的陪同下，穿越街道，走到那間平房前。接著我露出友善的微笑，展現出堅毅自信的走路方式，順利經過守門人。在民宿的主要住房裡，約有二十名穿睡衣的婦女正閒著沒事做，她們各處於不同的妊娠階段，同時使用著古茶拉底語、印地語和一點英語，相互交談。慢吞吞的吊扇攪動著停滯的空氣，一台電視放在角落，這是我唯一能看見的娛樂，電視上正播放著古茶拉底的肥皂劇。一堆小鐵床擺放得有如迷宮陣，占據了這個大小如教室的房間，還有一些鐵床散置在走廊上，以及樓上的幾個房間。這裡住了這麼多人，竟然毫不凌亂。每位代理孕母都只有幾件私人物品，也許少得剛好可以塞進兒童背包裡。走廊另一端是存貨充足的廚房，一名兼作居家護士的服務員正在準備午餐，是蔬菜咖哩佐烤餅。

這些婦女看到有訪客來，又驚又喜。其中一位告訴我，很少有白人會出現在這裡。診所不鼓勵客戶與代理孕母有私人關係，因為數份資料指出，這樣等到交出嬰兒時，事情會容易些。

我在口譯員的幫助下，跟那些婦女說，我來這裡是要深入了解她們的生活狀況。個性聰明熱心、處於懷孕初期的狄可莎，自願充當發言人，並自我介紹說她其實以前是該家診所的護士。她離開家鄉尼泊爾，來到阿南德找工作，留下了兩個學齡孩子。她解釋說，她當代理孕母賺到的錢，就跟全職照顧代理孕母的錢一樣多。她要把賺來的錢用在孩子的教育費上。狄可莎表示：「我們很想家人，但是我們也知道，待在這裡，可以讓想擁有家庭的女人能夠擁有一個家。」她說，她和同住在宿舍的婦女每個月可收到五十美元，每三個月可收到五百美元，生產時結算。

她們都說，成功的阿肯夏代理孕母大約可賺得五千至六千美元，如果懷的是雙胞胎或三胞胎的話，還會再多一些（另外兩家以國外夫妻為服務對象的印度代孕診所告訴我，他們會付六千至七千美元）。但若是流產的話，也可保留流產前收到的金額。不過，要是她選擇墮胎的話（契約允許墮胎），那麼就必須賠償診所與客戶的所有費用。而在我訪談的所有診所當中，沒有一位代理孕母選擇墮胎。

狄可莎是我見過的阿肯夏代理孕母當中，唯一有教育程度可言的代理孕母。代理孕母大都來自鄉下地區，對於部分婦女而言，派特爾每週數次派去宿舍的英語家教，就是她們首次接觸到的學校教育，不過，她們到這裡不是來學英語的。大多數的婦女是看了當地報紙的廣告，才知道這家診所會付現金給願意代孕的婦女。

阿肯夏不孕診所並不是唯一把代理孕母隔絕起來的診所，其背後的正當理由就是有助於醫療監測，而且也可以為婦女提供比家鄉更好的環境。二十六歲的加州主婦克莉絲汀・喬丹便是因為得知有些診所會雇用「基本上極為貧窮且完全是為了錢才代孕的婦女」，因此選擇了一家德里的診所，該家診所招募受教育的代理孕母，而且不會把孕母隔絕起來。可是，阿肯夏不孕診所的代理孕母卻跟我說，若是她們大肚子回到家鄉肯定會招來不少閒言閒語。但即使如此，宿舍裡那些比狄可莎待得要久的孕母，對於這整個安排似乎沒有感到很愉快。

我坐在巴娜旁邊，她已是大腹便便，粉紅色睡衣被撐得鼓鼓的，脖子上戴了一條金子做的盒式項鏈墜。她的年齡看起來比別人大，神情也最為疲累。她跟我說，多年來，這次是她第二次在這裡代孕。除了偶爾去做產檢外，她將近三個月都沒離開這棟建築物，也沒人來看她。不過，代孕可拿到五千美元，她做十年的普通勞動工作也賺不到這麼多錢。

我問她對整個代孕經驗有什麼看法，她說：「如果流產的話，就沒辦法拿到全額，我不喜歡那樣。」不過，她說能住在這裡，不是住在診所的另一間宿舍，就謝天謝地了。她說的那間宿舍就位於幾個城鎮外的那迪亞德（Nadiad），環境沒那麼好。我問她，交出嬰兒後會發生什麼事？她回答，剖腹產會讓她元氣大傷。她說：「我會在這裡再待一個月恢復身體，等身體好了再回家。」我訪談的代理孕母當中也沒一個是選擇要用陰道分娩的。雖然在一般情況下，剖腹產對嬰兒造成傷害的風險較高，孕婦在生產時的死亡風險也會增加一至三倍，但是醫生還是極為倚賴剖腹產。畢竟，剖腹產比陰道分娩要快速，而且可安排時間進行。

第二位孕婦加入我們，她有著深棕色的眼睛，穿著繡了粉紅色花卉的寬鬆長洋裝。我問她們，會不會覺得交出新生兒是很難的事情。第二位孕婦說：「或許放棄嬰兒還比較容易，畢竟新生兒長得不像我。」

其實阿肯夏不孕診所並不擔心婦女會想把孩子留在自己身邊，也不太擔心婦女會不想交出孩子而提出訴訟，之所以要密切監控代理孕母，是因為擔心有些婦女可能會自行投入這門產業。因為在二〇〇八年時，前代理孕母魯賓娜・曼道（Rubina Mandal）就是認為阿南德的模式是詐欺的絕佳平台，開始偽裝成阿肯夏不孕診所的代表，誘騙美國人預先支付健康檢查費用。

之後，阿肯夏不孕診所便在網站張貼了一則警示：「曼道女士不是醫生，她是詐欺犯，已知她誘騙了多對無辜受害的夫妻，因此在跟她應對時，請務必多加留心。此外，曼道女士可能會利用本診所的名稱，誘騙無辜受害的夫妻。」警示下方則是一張粗粒子的黑白照，是戴著黑色項鏈和頭髮完美中分的曼道。我可以理解詐欺行為的出現，只不過這種行為實在可惡。代孕的潛在利潤很高，因此部分婦女想要分得更多錢。迄今，曼道尚未遭到逮捕。

二〇〇二年時，印度便已經讓代孕合法化，這是印度政府促進醫療觀光的其中一步。自一九九一年起，印度向資本主義靠攏的新政策生效，私錢開始流入印度，助長了服務外國人的世界級醫院興起。在印度可低價孕育胎兒，不會受到政府官僚作法阻礙，這個消息流傳開來，促使印度代孕觀光業得以穩定成長。從體外受精到生產的整個過程，派特爾的診所收取一萬五千至兩萬美元的費用；雖然美國有少數幾個州允許有償代孕，但足月生出孩子的代價卻是五萬至十萬美元不等，而且很少有保險會給付費用。德里代孕顧客喬丹表示：「印度的優點在於婦女不會抽菸喝酒。」即使美國代孕契約也大都禁止代理孕母抽菸喝酒，但喬丹說：「我比較相信印度人說的話，美國人比較不可信。」

雖然難以取得較準確的數量，但是現在印度代孕服務每年起碼會吸引數百名西方客戶。自二〇〇四年起，光是阿肯夏這一間不孕診所，就已經透過代理孕母，讓至少兩百三十二名嬰兒誕生在這世界上。截至二〇〇八年為止，阿肯夏不孕診所已雇用了四十五名代理孕母；派特爾表示，每天至少有三名婦女來她的診所，希望能成為代理孕母。同時印度其他的生育診所起碼還有三百五十家，可是自從政府不追蹤代孕產業後，已經很難查出實際上有多少家提供代孕服務。

孟買的希拉南達尼（Hiranandani）醫院誇口有自家的大型代孕計畫，並訓練外部的不孕科醫生找出並招募有可能代孕的婦女。醫院網站上的其中一個網頁宣傳著授與經銷權的機會，宣稱印度各地想創業的生育專家如欲設立孟買背書的代孕機構，都可以跟院方聯絡。印度的醫學研究委員會*預測，到了二〇一二年，包括代孕服務在內的醫療觀光產業將可創造二十三億美元的年收益。德里的不孕科醫生阿努普・古普塔（Anoop Gupta）更表示：「代孕就是新型態的領養。」

儘管預測這是一門會大幅成長的產業，但是印度官方並未監管代孕產業。印度政府對於代理孕母的診療事宜，並未制定具法律約束力的標準，邦政府或國家當局也沒有權力管制代孕產業。診所（例如阿肯夏不孕診所）基於經濟誘因，會確保胚胎的健康；然而，診所若想縮減代理孕母費用與產後照護，藉以降低成本的話，是沒有什麼可以阻止他們的，而且出事的話，也沒有法規確保他們會負責。

比方說，二〇〇九年五月，年輕的代理孕母伊絲瓦莉就在孔巴托市（Coimbatore）的依斯沃利生育中心（Iswarya Fertility Centre）生產後死亡。伊絲瓦莉是在二〇〇八年時，因為她的丈夫木魯剛看見報紙廣告徵求代理孕母，便要求她簽約，好讓家裡有額外的收入。而伊絲瓦莉是一夫多妻婚姻裡的第二任妻子，因此很難拒絕丈夫的要求。雖然她平安度過懷孕階段，生出一名健康的孩子，可是之後卻開始大量出血，但診所卻毫無準備，無法處理併發症。當時診所無法停止伊絲瓦莉的出血狀況，職員叫木魯剛自己叫救護車，送到附近的醫院，但伊絲瓦莉在送往醫院途中就已死亡。

之後孩子還是依照合約送到顧客手上，依斯沃利生育中心更否認有任何不法行為。不過，丈夫向警方投訴，說他妻子快死的時候，診所根本就是把責任推得一乾二淨。最後官方的調查也敷衍了事。我寄了封電子郵件試圖聯絡該家診所，等到近半年之後，診所才終於回信。診所的某位醫生寫道，因為孩子的頭太大，所以伊絲瓦莉「產生嚴重的血管內瀰漫性凝血不良」。這位自稱是亞倫・慕瑟維（Arun Muthuvel）的醫生又說，儘管醫療團隊已輸注了七瓶血液，並叫來額外幾位外科醫生，卻還是救不了伊絲瓦莉的性命。伊絲瓦莉是否能獲救仍是一個疑問，唯有徹底的調查才有可能找到答案。可是，沒人有權力調查這類的案例，這也等於表示當發生醫療失誤時，患者都得相信醫院的說法，認為院方是根據最高的醫療標準行事。不過，現在印度議會正在制定法規，以期解決社會對代孕的若干疑慮。議會預計於二〇一一年的年底左右準備正式審議該法案，但現在還不確定哪個機關要負責執法。

管制監督的責任最終很有可能會落在邦政府的頭上，不過究竟是哪個部門可能會負

---

＊譯註：Council on Medical Research，角色類似美國食品藥物管理局，只是權力小多了，實際上沒什麼執法能力。

責檢驗或管制生育診所呢？我想要找政府裡的某個人對此發表評論，可是這過程卻像是燙手山芋。我前往古茶拉底的官僚中心，去了六間不同的辦公室，打電話給三位局長，才終於獲得了一個模糊的答案。古茶拉底邦醫療服務局副局長蘇尼爾・亞維夏（Sunil Avasia）在簡短的訪談中表示：「在邦政府層級，沒人監管代孕事宜。」

一講到道德操守，就好像身處於蠻荒的美國西部似的。亞維夏說，法律就別提了吧。「沒有規定。」亞維夏對於這個主題只願意發表如此的評論。「也許你應該跟我的上司談。」唉，但那位上司根本不回我的電話。也沒有人費力去管制代孕合約，保障弱勢的代理孕母。只要代理孕母生出的嬰兒有印度政府核發的出境許可證，那麼讓嬰兒取得美國護照就很簡單了。

同時，派特爾的顧客也把代理孕母住宿方案視為某種保險單。來自柏克萊，年已四十的艾絲特・柯恩表示：「醫生跟我說，可以在加州斯托克頓市找到人，可是我不知道對方在吃什麼，在做什麼，我很擔心對方所處的實際環境。不過，在這裡，他們都安排好了，代理孕母的唯一目的就是為某個人懷個健康的寶寶。」柯恩與丈夫共同經營外燴公司，並在週末時教導兒童學習猶太道德。

我在洛克西（Laksh）旅館的門廳跟柯恩見面，洛克西旅館的服務對象是阿肯夏不孕診所的求子旅客。許多人都經歷了價格昂貴且時時擔憂的求子過程，這趟印度之旅可說是最後的階段，在試過一連串失敗的生育治療之後，這是最後一個最佳選擇。柯恩努力試著懷孕，試了好幾年，在全面的檢查後，醫生告訴她，她永遠無法懷孕，但她也不想要領養孩子。後來，她讀了一篇講述派特爾醫生的報導文章，當下就知道自己想要來阿南德。她說：「錢當然是其中一項因素，不過那好像是出於我的直覺，我必須要來這個地方。」柯恩和丈夫決定隱瞞代孕的事情，不讓朋友和鄰居知道，起碼要等兩人帶了嬰兒回家再說。

在美國，代理孕母及客戶在去生育診所之前，必須先建立關係，可是柯恩幾乎不曾見過莎拉吉，也就是阿肯夏不孕診所雇來幫她代孕的婦女。雙方只在診所見過一次面，那次是她丈夫的精子和捐贈者卵子結合所產生的胚胎植入莎拉吉子宮的數分鐘後，而那已經是九個月前的事情了。柯恩返回阿南德已有三天，卻還沒去看莎拉吉。柯恩說：「診所希望我們保持距離，他們想要明確表示，這是她的工作，她是容器。」

不過，這裡就是商業代孕的道德觀讓人混淆之處。柯恩表示，莎拉吉給她的，是人所能給的最寶貴的禮物，接著她又說：「診所不會讓婦女做代理孕母超過兩次，因為他們不希望婦女只是容器而已，代孕不該是工作。」

那麼，應該如何看待代孕呢？歐普拉讓珍妮佛與肯德上節目，這對沒有孩子的夫妻什麼都試過了，就是負擔不起美國的代孕制度。最終在派特爾的協助之下，珍妮佛變成了媽媽，一名印度婦女脫離了貧窮，這項交易半是生意、半是姊妹情誼。該家診所也把代孕包裝成這種形象，堅稱婦女提供子宮是出於一種共有的責任感，並不是單純因為她們需要錢。

我跟孟買一位處理代孕事務的傑出律師阿米特・卡克漢尼斯（Amit Karkhanis）約見面，在時髦的旅館裡喝著一杯八美元的咖啡。卡克漢尼斯說，利他主義這種用語使得診所在談判孕母薪資時占了上風。同時，診所、客戶和代理孕母所簽訂的合約，對於所提供的服務類型都含糊帶過。「是工作？還是慈善呢？」卡克漢尼斯以誇張的語氣問道，一道眉毛揚起，然後提出自己的意見：「代孕是一種職業，就是這麼簡單明白。外國人來這裡又不是因為喜愛印度，他們來這裡是為了省錢。」如果代孕被視為工作，那麼代孕婦女為何不能獲得市場行情，彌補她們待在醫院裡的時間？

雖然印度的生活費用和收入潛力遠低於美國，但是仍有可能比較這兩國的代理孕母與診所的相對費用。在美國，夫妻支付的總款項當中，通常有一半或四分之三是付給代理孕母，而阿肯夏不孕診所的代理孕母只會獲得總款項的四分之一至三分之一。律師悟夏・史莫頓（Usha Smerdon）——她經營Ethica這個以美國為據點的領養改革團體——在電子郵件裡告訴我：「代孕是一種勞動型態。只不過，代孕這行會剝削勞力，跟西方消費主義所促成的童工和血汗工廠很類似……有人認為，在這些差別極大的權力互動關係裡，代理孕母是真正自願提供服務，而醫院是基於利潤動機在檯面上運作。然而，我並不認同這種看法。」

除印度外，世界上只有少數幾個國家允許有償代孕，例如美國、比利時、加拿大、以色列、喬治亞，這些國家大都實施嚴格的規範。在法國、希臘和荷蘭甚至禁止無償的安排，而包括印度在內的這些國家都認為代孕並非合法的職業。美國則將相關法規交由各州自行制定：八個州認可並支持代孕，還實施代理孕母的健康保護措施與輔導；六個州完全禁止代孕；其他州則將代孕合約視為不能強制實施的合約，讓代孕事宜交由法院透過判例法處理，或者乾脆就忽略有代孕之事。雖然印度醫學研究委員會已構思出代孕方針提案，將針對阿南德和其他地方一些常見的作法提出警告，比方說，以後可能不會再允許診所從事代孕交易仲介。不過，這些做為國家法規起點的規定並不具有約束力，還忽略了其他顯而易見的道德議題，比方說，是否可以強制代理孕母剖腹產？將代理孕母隔絕起來，實施嚴格的醫療監管，是否違反個人自由這項基本原則？

而受精卵的植入又是另一項困難的議題。若為健康的年輕女性，美國生殖醫學會建議，美國醫生在婦女子宮內植入胚胎時，每次只能植入一個，絕對不能超過兩個。但印度的指導方針則建議，在代理孕母身上植入的胚胎不得超過三個。不過，派特爾的診所卻經常一次就使用五個胚胎，因為使用較多胚胎可提高成功率，但也會造成多胞胎，讓孕婦面臨較高的風險，往往導致早產（採用剖腹產）以及嚴重的嬰兒健康問題。雖然受孕的成功率是不可能被證實的，但是阿肯夏不孕診所聲稱植入成功率達到百分之四十四（此數據跟印度其他診所類似），而美國的常態成功率則為百分之三十一。我在阿南德碰到的代理孕母當中，有好幾位都懷著雙胞胎。若有三個以上的胚胎成功著床，阿肯夏不孕診所就會選擇性地放棄一些胚胎，讓胚胎總數減少到可控制的程度。該家診所經常這麼做，而且沒有經過求子雙親與代理孕母的同意。

至於診所把婦女關在宿舍裡的議題，印度代孕方針也閉口不談，律師卡克漢尼斯認為這種作法乃屬違法行為，他跟我說：「阿南德模式完全有誤。根據印度刑法，像他們那樣監禁代理孕母是非法的。」

同時，代孕方針也明確指出，「應該由夫妻負責透過廣告或其他方式尋找代理孕母」。但阿肯夏不孕診所卻在當地語言的報紙上，到處廣告尋找代理孕母，甚至有許多醫院已雇用獵人頭者，藉以因應需求。

在位於孟買且建物壯觀的希拉南達尼醫院裡，凱達・岡拉（Kedar Ganla）醫師把我介紹給一位瘦削的女性，她的名字叫作夏雅・帕嘉里，帕嘉里受雇於岡拉醫師，負責直接招募貧民窟的婦女。這位四十歲的「醫療社工」（岡拉是這麼稱呼她的）不安地坐在岡拉的辦公室裡，支支吾吾回答我的問題。她的履歷貧乏得很，倒不如說她是個「招募專員」還比較合適。岡拉每接受一位帕嘉里介紹的代理孕母，就會付給帕嘉里七萬五千盧比（約一千七百五十美元）。她跟我說，今年他已經接受三位。這表示她賺到的錢比她招募的那些代理孕母還多。帕嘉里說：「我們掮客彼此之間幾乎都是一直競爭，尋找代理孕母。」

古普塔醫生的做事方式與其他業者略有不同。他經營德里體外受精診所（Delhi-IVF），也就是我遇到加州顧客克莉絲汀・喬丹的那間診所。這間診所的候診室裡充斥著一堆愛講話的患者。阿肯夏不孕診所有著儉樸清苦的氛圍，但是德里體外受精診所無論白天還是黑夜，木鑲板的牆壁和打著明亮燈光的水族缸都散發出安全溫暖的感覺，印度的醫療設施往往都缺乏這種氣氛。

穿著綠色手術服、戴著藍色髮網的古普塔，不停地忙東忙西，少有時間回答我的問題。於是，他讓我觀察那些川流不息的患者，最遠的有從愛爾蘭和加州來的，最近的則來自幾個街區外。多數人來這裡是為了接受定期的生育治療，不過古普塔這個月已經至少把七位代理孕母列在名單上了。「印度政府讓安排領養變得很困難，但透過代理孕母，讓你獲得帶有你基因的孩子，卻是合法又容易的事情*。」醫生一邊說，一邊把透明的凝膠大量塗在超音波機器的板子上。他認為，唯一的難題就在於要找到那種不是出於絕望而代孕的女性。而這件事他交給了醫療統籌專員西瑪・金道（Seema Jindal）去執行，她是有執照的社工，也是該家診所的護理師。她的招募方式像是在傳福音一樣：「我在社交場合碰到女性時，幾乎每一個我都會問她，是否考慮過代孕。」她招募的婦女都是已完成大學教育，經濟情況還算不錯，不用倚賴診所付的款項來滿足基本生活需求。她說：「不然的話，她們要怎麼知道自己沒有被剝削？」

金道表示，在這次訪談的數個月前，她便剛好搭了火車前往古茶拉底邦，親自去打探派特爾的營運狀況，一方面是為了蒐集那些可能有助於自家診所提升獲利的交易祕訣，一方面是為了仔細查看派特爾的診所有哪些缺陷。她認為，代理孕母住宿方案簡直是把婦女當成家畜對待。她們在整個懷孕期間，只做三件事。她說：「一是坐著，二是聊天，三是睡覺，這不太正常吧。」

在金道所招募到的婦女當中，有一位是三十二歲的社工，她的名字叫桑珠・拉那，剛好來這裡照超音波。拉那跟派特爾的代理孕母並不一樣，她受過大學教育，打算代孕期間仍做全職工作。診所答應付給她七千五百美元，她也有古普塔的直撥電話號碼。在這過程期間，已有兩個孩子的拉那得知自己竟然懷了雙胞胎，非常訝異。她告訴我，她很擔心，但還是把兩個胎兒懷到足月。她提及那對雇用她的美國夫妻：「那對夫妻人很好，一直沒有孩子。」

代孕市場就跟其他的人體組織市場一樣，把利他主義和人道捐贈的觀點，融合了醫療盈利表現。因為代孕的醫療程序費用十分高昂，導致許多西方婦女都被排擠在外，因此，如果把代理孕母市場擴展到印度，肯定能讓更多西方婦女受益。然而，印度這塊新

＊如筆者在先前章節所述，印度的領養醜聞時有所聞，因此領養規定愈趨嚴格，需要更多的證明文件和文書作業。然而，新規定是否有助於降低領養網的販運情況，仍有爭議。

市場充其量只是把成本向下轉嫁而已。在印度市場興起之前，原本只有美國上層階級負擔得起代理孕母。現在，已是中產階級快要負擔得起的價位了。然而代孕往往會引起道德疑慮，可是同時間代孕產業規模的擴大，卻使得代孕議題更具有急迫性。已經有數百家新診所準備好要開業，代孕經濟的步調如此快速，但人們對於代孕所造成的影響，了解卻是有限。

新的兒童人體市場涵蓋了令人產生疑慮的領養、捐卵和代孕作法，人們對於生殖和組織幸福家庭這兩項最基本的需求，使得這三門生意密切相關。身為顧客的求子父母往往沒有察覺到供應鏈的複雜度，有可能不小心就輕易跨入了危險的領域。這三種因應求子而生的市場以前所未有的速度急遽增長，在人體市場上買兒童，比以往更加容易了。

此時，艾絲特・柯恩也不再沒有小孩了。自從我們在阿南德會面後，經歷了五週的時間，她的新生兒終於取得了美國公民的身分，獲得了美國政府核發的藍底銀字閃亮護照，以及印度政府核發的不反對申請護照證明。柯恩已用煙霧籠罩與亂成一團的阿南德，換得了北柏克萊的寧靜社區，接著，成為母親後的現實迎面而來。

她與丈夫亞當住的小公寓，現在已覺得太擁擠，這對夫妻期待著要搬家。亞當以前每天彈的電子琴，如今放在房間一角，沒有使用，房間裡被嬰兒床和各式嬰兒用品給占據了。柯恩一邊和我聊天，一邊把丹妮爾放在自己的膝上顛著玩，丹妮爾是健康的藍眼睛小女孩。柯恩說：「我們待在印度的日子，好像已經是一千年前的事情了。不過，我們很感激莎拉吉給我們的。」

雖然莎拉吉希望能採用陰道分娩，但最後診所仍選擇用剖腹產的方式接生丹妮爾。柯恩回想起移交孩子的情況，如此表示：「她的眼神流露出強烈的情感。這對她而言很困難，你可以看見她有多麼關心丹妮爾。」不過，嬰兒終究還是必須跟自己的母親回家。

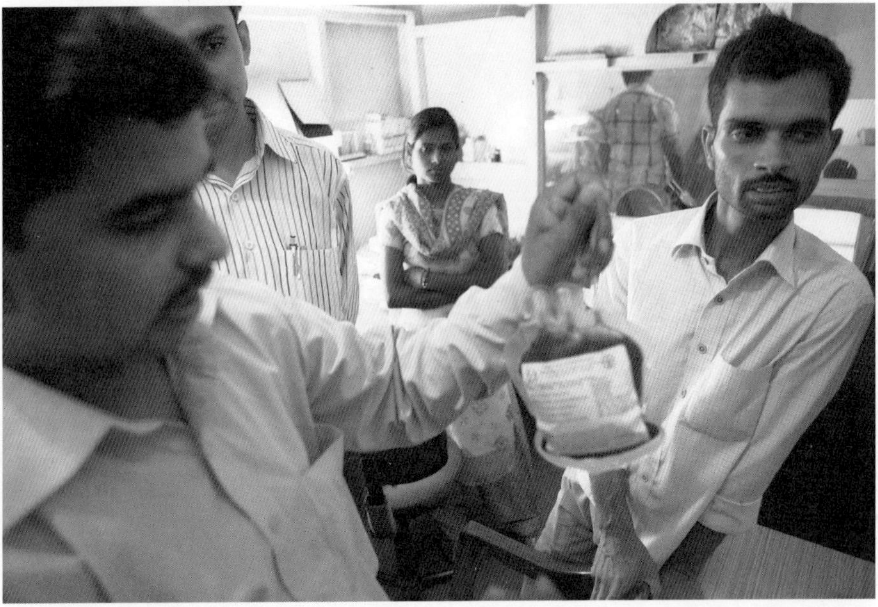

在哥拉浦的席拉醫院地下室裡，實驗室助手展示著一袋裝滿血的血袋，這是他們前一陣子向當地5家血液銀行之一所取得的。拍攝這張相片的1個月前，附近村莊的1位農夫向警方投訴，說這裡的醫院員工綁架他，暴力強取他的血液。

# 第七章

# 血錢

印度色彩節*的前幾天，在悶熱的印度邊境城鎮哥拉浦（Gorakhpur），一位瘦削虛弱的男人跌跌撞撞走向一群農夫。他的皮膚蒼白，眼睛下垂，兩隻手臂上有好幾排紫色的針孔。在這裡，其實尼泊爾的赤貧情況要比印度更嚴重，從尼泊爾湧入印度的難民多達數千名，而哥拉浦正是他們的第一站。多年來，無數的難民艱辛故事已經麻木了當地農夫的同情心本能，在農夫的施捨清單上，毒癮者的排名更是低。因此當這個男人求農夫給他錢坐公車時，起初農夫並不予理會，但那男人不死心，還說自己不是難民，是從臨時監獄裡逃出來的，把他關起來的人抽他的血賣錢。農夫這才放下原先麻木的情緒，打電話報警。

過去三年以來，這個男人一直被囚禁在一間用磚塊和錫料搭建的小屋裡，距離這位農夫喝茶的地方，走路只需要幾分鐘的路程而已。他手臂上的針孔並不是吸食海洛因造成的，而是劫持者反覆用中空注射器扎他的皮膚所致。劫持者是殘酷無情的現代吸血鬼，但同時卻也是當地酪農及受人敬重的地主——帕普·亞德哈（Papu Yadhav）。亞德哈之所以監禁那個男人，是為了盡量抽取他的血液，再把血賣給血液銀行。某次，亞德哈離開時，忘了把門鎖上，這個男人才得以趁機脫逃。

這個瘦削虛弱的男人帶警察前往他被關了三年的地方，那是一棟倉促興建的簡陋小屋，夾在亞德哈的混凝土住家和牛舍之間。鐵門上的堅固門閂，掛著一只銅製的掛鎖。警方透過厚度僅四分之一英寸的鐵門，聽見裡頭有人發出含糊不清的聲音。

警方打開門鎖，裡頭簡直像是恐怖片裡才會出現的病房。靜脈點滴掛在臨時的點滴架上，患者呻吟，好像正要從譫妄中恢復過來。共有五位瘦削虛弱的男人躺在木板床上，幾乎抬不起頭來，無法向訪客招呼示意。屋裡的空氣很悶熱，跟所謂的消毒環境簡直是天差地別。太陽照射在他們腦袋上方的錫屋頂上，讓屋裡的熱度加倍，有如置身於烤爐裡。其中一位男人以呆滯的目光凝視著天花板，他的血液蜿蜒通過管子，緩緩流到地板上的塑膠血袋裡。他已經虛弱得無法反抗。

他身旁有一個癱軟的尼龍袋，已裝滿五品脫的量，裡頭還有十九個空的血袋，有待裝滿。每個血袋上都有看似官方認證的當地血液銀行貼紙，另外還貼有中央監管機構的條碼和封條。

而這棟小屋並非是唯一的監牢。接下來的數小時，警察突襲了該位酪農的土地上的另外五棟小屋。屋內情景一個比一個糟糕，患者幾乎都是瀕臨死亡邊緣。最後警方總共

＊譯註：Holi，色彩節源自印度教神話，在每年三月的月圓之日舉辦，示意著冬季過去，萬物重生，是印度最熱鬧的節慶之一。

救出十七人，受害者大都瘦弱不堪，被困在醫院核發的血液引流設備旁邊。這些遭受囚禁的受害者說，有一位化驗員每週至少替他們抽兩次血。還有人說，自己已經被囚禁了兩年半。媒體很快就報導了這家血液工廠，其提供的血液占了哥拉浦血液供應量的極大百分比，哥拉浦的醫院之所以能坐擁充裕的血庫，全有賴於這家血液工廠。

當晚，警方盡快將受害者送往當地的市民醫院治療。醫生說，他們從來沒看過這種情形。血紅素是負責提供氧氣給身體各部位，如果血紅素濃度過低有可能會造成腦部損傷、器官衰竭及死亡。而健康成人每一百毫升的血液，就有十四至十八公克的血紅素；然而，這些受害者平均卻只有四公克的血紅素。他們已經失去了重要的血液，瀕臨死亡，全都皮膚蒼白，因脫水而皮膚發皺。當時值班醫生蘇曼（B.K. Suman）是最先接收到警方戒護下的患者，他表示：「你捏他們的皮膚，被捏的皮膚會一直停留在那裡，像是成形的黏土。」

受害者的血紅素濃度太低了，但醫生同時也擔心，要是讓受害者的血紅素濃度上升太快，可能會出問題。其中一位醫生告訴我，受害者的身體已經習慣失血狀態，為了讓受害者存活下來，必須投以鐵質補充劑，並輔以放血療程，不然的話，受害者有可能會因為循環系統含氧量過高而死亡。

這些受害者在遭到囚禁數週後，就會因失血而變得虛弱不堪，連逃跑的念頭也無法思索。有幾位倖存者在警方面前回憶道，原本這裡有更多的人，不過，亞德哈一發現捐血者病重到瀕臨死亡，就會把他們放到公車上載出城外，這樣他們的死亡就會是別人的責任了。

亞德哈保留了許多詳細的紀錄，載明了他把多少的血液量賣給當地的血液銀行、醫院及個別的醫生，還記錄了對方支付的鉅額款項。這些紀錄也讓警方了解到整體的運作狀況。負責該案的哥拉浦副警長維希瓦吉・司里瓦司塔（Vishwajeet Srivastav）表示，根據紀錄，亞德哈最初只是小商家，只經營乳品生意。剛開始，他會在哥拉浦的公車站和火車站，尋找毒品成癮者以及有可能捐血的窮人，那時至少是純粹的交易行為。

他開出一品脫血液三美元的價碼，這筆錢可讓捐血人購買數天的食物。賣血雖是違法行為，卻也是輕鬆賺錢的方法。亞德哈輕鬆就能賣掉血液，迅速獲利，一般血型是一品脫二十美元，罕見血型最多可賣一百五十美元。不過不久之後，情況卻逐漸惡化了。由於隨著業務的成長，亞德哈厭倦了在轉站處找人，所以開始為捐血人提供臨時宿舍。由於捐血人就住在他的屋簷下，因此他利用脅迫的手段、虛假的承諾和上鎖的門來控制捐血人的命運，也就是遲早會發生的事情了。

隨著血液生意變大，亞德哈需要幫手，於是便雇用了前化驗員杰揚・薩卡（Jayant Sarkar）。薩卡曾在加爾各答經營一家地下血液農場，但到了一九九〇年代晚期，被逐出城外。不過當亞德哈和薩卡兩人聯手經營時，理所當然地就成為了該區的一大血液供應商。血液農場的概念跟亞德哈的牧場很類似，正因為兩者密切相關，因此他也讓牛舍和人舍相鄰，以節省空間。

在警方初次突襲兩個月後，共圍捕了九人，包含了：監督抽血狀況的化驗員、想賺取額外利潤的當地血液銀行祕書、運送血液至哥拉浦各處的中間人，以及負責照顧血牛的護士。而薩卡一嗅出麻煩的氣味，就成功逃出城外，亞德哈則在住處附近被捕，入監服刑九個月。受害者則在市民醫院住院一個月後，才終於回到了印度或尼泊爾的家鄉。

我們很容易就把慘絕人寰的哥拉浦血液農場視為單獨事件，認為這種反常現象只會發生在文明世界的邊緣，跟其他地方的血液供應並無關聯。然而，血液農場的存在，其實恰巧就表示了市場裡的人體組織流通狀況，存在著更為深層的問題。只要有熱切的買家不關心供應方式或者不在乎人體組織來源，那麼血液農場就一定會存在。一旦醫療人員什麼也不問就願意付錢買血，肯定就會有人利用這種情況，大幅提升利潤。其實，全球的志願捐血體制十分脆弱，供應量只要稍微受到影響，就可能立即引發像哥拉浦那樣

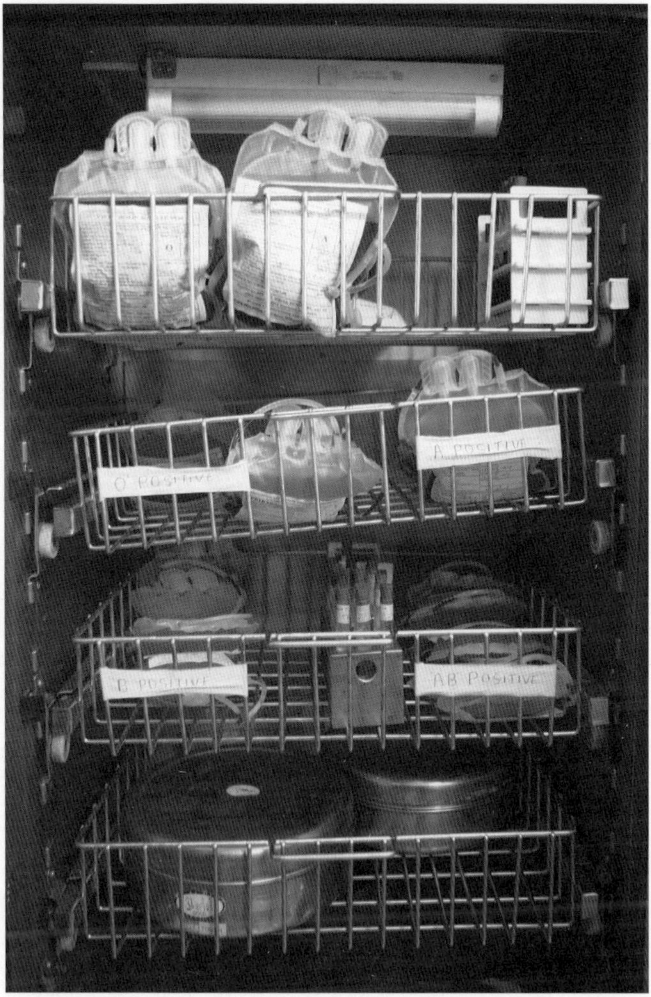


印度哥拉浦某家血液銀行的整體血液供應情景。庫存量太低，不足以應付那些川流不息前往哥拉浦醫院看病的患者，令人感到悲哀。為了彌補供應量的匱乏，某位前酪農所組織的犯罪集團，開始從公車站綁架男性受害者，強行抽取血液。有些受害者甚至被囚禁了3年多，每週抽血次數超過1次。

猖獗的商業化盜血行徑。

就在亞德哈獲釋前夕，我抵達了哥拉浦，希望能更了解這座兩百萬人的城市為何變得如此輕易就依賴血液農場。在這座城市裡有諸多越軌行為延展了常態的疆界，而這種情況在印度地區絕對不是個案。

哥拉浦危危坐落於印度與尼泊爾的邊界，既是充滿混亂污染的工業新興都市，也是印度鄉間特有的貧窮之城，僅有一條鐵路線和一條維護不佳的道路連接著哥拉浦與首府拉克瑙（Lucknow）。然而，哥拉浦仍是一連串密集村落的中心，堪稱是世界鄉村地區人口最密集者。在周圍將近一百英里內，哥拉浦也是唯一具備都市基礎設施的定居點，因此是重要的前哨，亦設有政府機構單位。但是這座人口多達兩百萬的城市正處於困境，它無法為鄉村的大片田地提供基本服務，此外，開發的重要性又很低。這座城市其實是奠基於諸般匱乏的根基之上。

當中最為匱乏的當屬哥拉浦那些已負擔過重的醫療設施，對於需要醫療的數千萬個鄉村農夫與移民勞工而言，那些醫療設施就是他們賴以生存的生命線。醫院往往會補貼醫藥費，有時還會免費治療，因此吸引了弱勢族群前來。以龐大的巴巴蘭達斯（Baba Ram Das）醫院院區為例，即使坐擁將近十二棟建築物和救護車車隊，但仍有一長串的鄉村患者排隊排到了大門外，其他的大型醫院的情況還更加糟糕。

超量的患者引發了數個重大難題，其中以血液供應問題最為重要。因為即使是像接生這樣的平常程序，也會造成血液需求量增加，這是因為在處理需剖腹產的孕婦時，必須備有至少兩品脫的血液，以因應併發症。而會來到哥拉浦醫院的數百萬移民，不是已經生了病，就是身體狀況差到無法捐血，能夠捐贈血液的理想候選人，實在少之又少。

因此，一場完美風暴於焉成形，不當醫療與違反道德的行徑相應而生。要當地相對較少的人口自願捐血來補足血液庫存量，是不太可能成功的事情，因此醫院所剩的選擇不多，只能仰賴當地血液販子。

從亞德哈的血液農場走路約五分鐘的路程，就可看到一塊藍白色的霓虹燈高掛，上頭寫著法蒂瑪（Fatima）醫院，這是哥拉浦五家血液銀行之一。在法蒂瑪醫院那道由磚塊和鐵製成的大門口裡面，正四散著混凝土碎石和建築廢料，原來醫院正在進行重大修建工程，處於廢墟狀態。不過，血液銀行太重要了，即使在修復期間也不能關閉、不能不運作。因此，負責資助施工案的耶穌會教會，也特別確保了血液銀行會先完成施工。不過那就表示現在我得小心避開流浪貓，穿越一堆堆的鋼筋、沙土，爬上尚未完工的階梯，然後才能抵達血液部門。

等我一踏進去血液部門之後，宛如置身於不同的世界裡。血液部門裡頭擺滿尖端儀器，比方說：一個零度以下的冰箱，可儲存血液幾乎達無限久；數台新穎閃亮的離心機，可用於分離血液。這個部門是由吉久・安東尼（Jeejo Antony）神父創辦，他負責經營法蒂瑪醫院，服務當地教區。可是，就算擁有全世界的高科技儀器，也無助於解決他所面臨的主要問題。他跟我說，他們蒐集到的血液幾乎不足以因應這家醫院的需求，至於哥拉浦，就更不用提了。他說，問題在於印度人大都不會自願捐血。接著又表示，許多當地人都很迷信，認為失去體液會讓自己的餘生都虛弱不堪。哥拉浦之所以開始倚賴職業血牛，這種迷信看法便是原因之一。

「亞德哈只不過是代罪羔羊，血液交易的背後有更多人參與其中，不只是像他那樣的下層人士而已。」當他聽到我提起該案時便如此表示，然後又說：「每一家療養院，每一家醫院，都有仲介的存在。醫生需要用血時，總之就會安排妥當。」

他領著我在實驗室裡四處參觀，接著帶我下樓，前往他那間昂貴的辦公室，倒了一杯拉茶給我喝。等我們倆都放鬆後，他跟我說，他從喀拉拉邦的家鄉搬到哥拉浦，是為了要改善人們的生活，可是，現在他不確定自己所創辦的捐血銀行是否真能減輕人們的壓力。他說，其實已經有其他人取代亞德哈那一幫人。就在警方逮捕亞德哈一週後，對血液銀行的血液需求量已經上升到百分之六十。不過，一年後的現在，「需求量已下降」。哥拉浦沒有新開的血液銀行，也並未突然湧入捐血人，總之血液是從某個地方來的。

在印度，合法的血液捐贈行為，跟這世界上的其他地方略有不同。由於很少印度人願意基於純粹的利他主義捐血，因此患者需自行提供捐血者，請捐血者捐血給血液銀行，把手術期間會用到的血液品脫數給補足。一旦患者透過朋友獲得血液捐贈認可後，就可以取得一單位配對成功的血液，供自己的手術使用。理論上，這表示親友必須自告奮勇前來協助患者，但是，該體制的現實情況卻是大相逕庭。多數患者不會要求有關係的人捐血，反倒倚賴非正式的職業血牛，血牛會在醫院前面徘徊不去，願意捐血換得一小筆金額。

安東尼神父說，他無法阻止賣血行為。醫院被困在兩難當中，拯救手術台上的患者性命，就有可能剝削捐血者。站在臨床上的角度來看，患者就要死於手術台時，買血似乎是兩害取其輕的選擇。他跟我說，這家醫院的規模太小，無法吸引半職業的捐血人，不過，其實哥拉浦各大醫院都有半職業的捐血人。他跟我說，開始著手調查的好地方，就是亞德哈監禁的受害者被警方救出後，負責治療的那家醫院。

哥拉浦的市民醫院院長帕瑞（O.P. Parikh）醫師在這一生中已捐贈了十三品脫的血液，隔年退休前還會再捐贈四品脫。不過，他說自己是特例，哥拉浦市的其他人才不會像他那樣熱心捐血。帕瑞負責市民醫院的整體營運，他說，血液的供應是一直存在的問題。「在這裡，大家都怕捐血。他們不想要交換血液，只想要購買血液。」只要一千盧比，相當於二十五美元，就能買到一品脫的血液，所以要找到捐血人並非難事。

帕瑞的醫院門外五十英尺處，就是一堆臨時茶舖與香菸賣家，他們又兼作血液掮客。我小心探問一位下排牙齒有著檳榔漬的男人，他說，我可以去見丘努（Chunu），那個人是當地的職業血牛。那個男人在送我走之前，還特地向我警告：「你一定要在銀行那裡要求折扣，他有愛滋病毒，血液不一定會篩檢。」五分鐘後，我就在醫院的後巷裡，見到了一位身形矮小的蓄鬍男人，他用披巾遮住腦袋和耳朵。我跟他說，我需要盡快取得一品脫B型RH陰性血液。

「現在B型RH陰性很少見，也很難找到。」他說：「我們可以弄到，可是必須從費薩巴或拉克瑙送過來。」這兩個地區首府距離此處約有一百英里遠。他說，付三千盧比就可以安排，這金額很高。我跟他說，我會考慮看看，然後就離開了，而他則繼續在醫院大門外跟其他顧客講話。

不過，同時間在市民醫院的血液銀行裡，則是一幅無助的景象。鋼製冰箱裡的血袋存量就要空了，只有三袋可用於輸血。血液銀行的行長辛格（K.M. Singh）表示：「昨天有人過來，想買血液，我們必須拒絕。我告訴對方，血液是非賣品，必須捐血才能取得血液。對方離開了，不過一小時後，卻帶著捐血人回來。我無法得知他們是不是付錢給那個人。」

哥拉浦的五家血液銀行只能滿足一半的需求。患者要負責找出自己的血液供手術用，有時甚至不知道買血是犯法的行為。

巴巴拉赫達斯（Baba Raghav Das）醫院的產科病房，堪稱是哥拉浦最大的政府醫療機構，卻也是一處把生命帶到這世上的淒慘之地。巨大的凸窗上塗了一層半透明的綠漆，應是用於減少刺眼的陽光，卻讓混凝土病房裡充滿病懨懨的光線。病房裡約有五十名婦女，她們仍舊穿著從家裡帶來的衣服，在薄薄的病床上等待剖腹產的傷口復原。有的婦女有床可躺，有的則不得不斜倚在混凝土的地板上。

病房裡還有數十名新生兒，但說也奇怪，沒一個在哭的，彷彿這間如山洞般的病房，吞沒了所有的聲音。一名悉心照料女嬰的婦女調整了自己的袍子，接著取出自己的導管，讓紅色濃湯似的混合物流入床下的垃圾桶裡。儘管環境看來很糟糕，但是巴巴拉赫達斯醫院可以讓這些婦女看醫生，這是難得的機會。要獲得醫療救助，住這種病房只不過是這些人要付出的其中一項代價。

這其中有一位叫作古麗亞・戴維的婦女，就住在隔壁的比哈邦的農村裡，她擔心自己在生產時可能會有併發症，便穿越一百多英里的路途來到這裡。某位未向她透露名字的醫生，總共才花了五分鐘的時間替她看診，然後便說，她必須剖腹產。他說，基於預防措施，院方需備有一品脫的血液，患者支付一千四百盧比（約三十美元），院方就可安排捐血人。她說：「事情很簡單，我們甚至不用多想些什麼，醫生就會安排妥當。」

血液的來源可能是任何地方。

對於捐贈者與受贈者而言，倚賴職業血牛都是很危險的行為。本書一開頭便提及的英國社會學家笛姆斯，他就曾經闡釋血液貿易如何改變西方國家的捐血制度，還預測說，買血行為不僅會創造商業誘因，造成道德標準降低，藉以提高血液供應量，還會降低血液銀行的整體血液品質。他在《贈與關係》一書中，探討了歐美血液銀行裡的肝炎擴散情況，還預見了國際血液供應會受到病毒（如愛滋病毒）的感染。根據他的推論，如果血液的交換只仰賴利他主義，則有可能助長人體組織黑市；此外，他更說明經濟誘因有可能會讓人們被迫做出不負責任的醫療決策，而他的這一點觀察也很正確。

例如，我在市民醫院外頭碰見的血液賣家，只要能賺到小額現金，就願意把據報受愛滋病毒感染的血液賣給過路人。因此，也就不難預見血液供應法規的失敗有可能會助長流行病的擴散。

但如果把時間往前推溯至一九九八年以前，當時在印度地區賣血不僅是合法行為，而且也是主流職業，背後有強大的工會和商業捐贈者權利組織支持。不過當印度改採全面志願式的捐血政策後，血液價格便開始高漲，從一品脫五美元漲到將近二十五美元，對於許多一般患者而言，簡直是高不可攀的天價。雖然法律規定買血屬於非法行為，但是印度政府竟然沒有能力建立替代的制度，缺血問題擴及所有倚賴穩定供血的醫療產業。血液成分——包括紅血球以及用於阻止血友病患者失血的凝血因子——的需求量呈現爆炸性的增長，迫使印度最後不得不開始從國外進口每年價值七千五百萬美元的血液成分（奇怪的是，這些血液成分有許多是來自美國捐血人。美國是全世界最大血液出口國之一，其血液出口產業每年總收入高達數十億美元）。

印度的問題並不是缺乏可管理醫療服務買賣的法律規定，而是在道德採血方面，以及因應印度血液需求量大規模採血方面，幾乎完全毫無計畫可言。合法授權和警方優先事項之間形成空白狀態，造成醫療黑市趁機興盛起來。

哥拉浦的自由放任市場，只不過是極端展現了世界各地的私人醫療與公共醫療之間的根本衝突而已。美國從羅斯福新政的公費醫療制度，轉型到二戰後的主流營利模式時，也發生了極為相似的情況。

美國在一九五〇年代以前，多數醫院是慈善機構，往往隸屬於政府之下。醫藥費也是由政府自掏腰包全額支付，或補貼大部分的醫藥費。而營利醫療與私人保單並行的時代，是等到艾森豪總統即位後才開始。不過，醫療機構當時早已經知道有些人寧願支付額外的費用，獲得更先進的照護。大型公營醫療機構大都雇用一般從業人員，私人醫院雇用知識先進——先進的知識就是稀有財——的專科醫生，開始取代了公營機構。

血液供應的狀況也經歷了類似的管理階層變動。二戰期間，前線士兵需要大量血液，以便促進傷口痊癒。但是全血*很容易腐壞，在跨大西洋的航程中無法保存下來。為了尋求替代方案，紅十字會便促進離心機技術的普及化，讓紅血球從血漿中分離出來。雖然血漿缺乏血紅素，但是在手術期間，患者的循環系統就能獲得所需的血漿血量，而且在治療流血的傷口時，這種血漿也是關鍵因素。同樣重要的是，血漿的壽命比全血長，而且在長途的海外航程中，存活機率也更高。這種血漿讓美國人自願捐贈大量血液，美國國民更覺得捐血是為了拯救前線士兵的生命。就因為美國與英國本土在戰爭期間對援助士兵所做出的努力，讓笛姆斯有了靈感，他寫道，在面臨國家存亡關頭時，捐血者透過捐血行為，擁有了使命感和團結感**。

在戰爭期間，外科醫生在動手術時已習慣有大量血液備用，因而開發出更複雜的手術技巧，外科領域並獲得大幅的改進。然而到了戰後，血液需求量卻仍居高不下，這是因為醫生把戰場上學到的知識應用在平民領域。不過，少了戰爭這個因素後，就難以維持高庫存量，因此美國需要更有效的採血制度。

一九四〇年代至一九六〇年代期間，有償的募血中心不穩定地與無償的志願捐血處並存，而且有著很明顯的階級差異。有償的募血處大都設立在貧民區，而志願捐血中心則是在教堂舉辦捐血活動，並在市區裡比較體面的好區，維持迎賓中心的運作。在品質方面，也有明顯的差異，有償捐血人是基於金錢動機才賣血，並不在乎自己的血液是否安全，只在乎捐血後會收到錢。此外，募血處對於乾淨程度也很馬虎。笛姆斯指出，

*譯註：whole blood，意指未將血液中血小板、白血球、紅血球等等分離的血液。

**二〇〇一年九月十一日，數萬名美國人全都立刻登記捐血，人數多到醫院不得不拒絕。現在，九一一攻擊週年紀念時，全美各地醫院都會舉辦盛大的捐血活動。

有償捐血人的血液傳播疾病發生率較高。他寫道，那些倚賴營利血液銀行的醫院，經由輸血，促進了肝炎的擴散。而在人們志願捐血的情況下，肝炎案例卻大幅降低。當時負責報導血液銀行的記者指出，營利捐血處環境十分破舊，有時是泥土地面，牆壁搖搖欲墜，「地上爬滿了蟲*」。這類捐血處的重心在於採血，而不是捐贈者的健康狀況。

即使營利血液銀行賣的是受到感染的血液，但終究還是在賺錢，可是品質的差異引起了醫生的注意。在部分城市，醫生對於受感染血液所帶來的風險感到憂心忡忡，便開始指示醫院只購買捐血銀行的血液。當然，營利血液中心也察覺到這種作法會危及其經營模式，於是開始反擊。私立的血液銀行有計畫地控告醫院違反美國的反托拉斯法**，他們主張血液是公開買賣的商品，因此志願捐血構成了不公平競爭原料的行為，顯然，醫生的臨床決定使得患者健康與公司利益產生了衝突。

最有名的案例就是一九六二年的堪薩斯市案，當時有兩家商業血液銀行將案件送交美國聯邦貿易委員會審理，最後並打贏了官司，因此非營利醫院開始被禁止使用志願捐血者的血液。在判決書中，醫院只要繼續倚賴較安全的血液供應，一天就要處以五千美元的罰款。聯邦貿易委員會所做出的多數裁定中指出，非營利的社區血液銀行（Community Blood Bank），以及醫院、病理學醫生和醫生，「非法共謀阻止全體人類血液的貿易。」

接下來幾年的時間，美國醫學會便再三對抗美國聯邦貿易委員會所做出的前例，最終才又得以推翻該項判決。不過，醫界許多人仍惦記著之前的裁決，他們提出警告說，醫藥的私有化會在其他的人體組織市場造成類似的問題。他們憂心，商業壓力會誘使醫生提供不必要的治療。

而在堪薩斯州的血液銀行爭取販賣商業捐血人血液之權利的同時，阿肯色州的矯正司則跟製藥公司和醫院簽訂協議，販賣那些從囚犯身上取得的血漿。這項方案有助於補貼監禁囚犯的費用，同時還能增加阿肯色州的血液供應量，可是沒想到最後付出的代價卻很高。因為在監獄體制裡，篩檢捐血者血液品質的誘因很低，於是在實施該體制的三十年間，阿肯色州的血液造成了肝炎的爆發，也促成了愛滋病毒的早期傳播。其中購買阿肯色州血液的最大買家之一是加拿大的一家血液供應公司，這家公司隱匿血液來源，藉以增加血液銷量。而世界各地的買家在不知道血液來源的情況下，進口了帶有疾病的血漿，受感染的血液最遠遍及了日本、義大利、英國。

＊出處：Richard Titmuss, *The Gift Relationship*, 160.

＊＊譯註：Antitrust laws，這是為了維護市場公平競爭、防止企業意圖控制價格，並藉此壟斷市場的相關法律。

最後，美國與加拿大藉由法規限制這種作法，而且終於在一九九四年，也就是禁止器官販運統一法通過將近十年後，阿肯色州成為美國最後明訂販賣囚犯血液屬違法的一州。根據後續調查的保守估計，光是加拿大境內，約有一千人經由受感染的血液感染愛滋病毒，另有兩萬人罹患C型肝炎。

如果從世界其他地方的情況來看，哥拉浦發生的事情其實並非是反常現象，而是回歸到早期的血液醜聞。只要當某個地區缺血時，很容易就會發現缺血問題擴及整體醫療體制。即使在亞德哈犯下一連串罪行之後，極端的缺血狀況也就足以充分誘使其他類型的犯罪計畫再度興起，藉以提高整體供應量。今日，問題不單單只是發生在上鎖的門後面，也會發生在大街上。

戴維生孩子的那家公立醫院，起碼必須看起來合乎規範。然而，私人診所可就沒有受到這樣的限制了。哥拉浦只有三家公立醫院，民眾要是有一點錢，想獲得更快但不見得更好的醫療服務時，就可以去私人診所看病。

哥拉浦的醫療基礎設施像是個大雜燴，攙雜了不公開的祕密診所以及私立醫院，宣傳著廉價藥物的廣告文宣一排排地貼在每一個街區，如藤蔓般有機蔓生，攀爬交通號誌的柱子和路燈。從絕對數量來看，哥拉浦販賣的藥物數量超過新德里。這是由於哥拉浦鄰近尼泊爾邊界——而尼泊爾的醫院比印度更糟糕，因此走私者和患者會攜帶大量藥物回到尼泊爾。不過，雖然公立醫院提供的醫療服務大同小異，但與私人診所的品質卻有天差地別的區隔。聲譽優良的診所門外，有許多包著頭巾的農夫及其瘦削虛弱的妻子大排長龍，隊伍甚至長到要繞著街區排。他們會排上一整天，只為了給受人敬重的臨床醫師看病。至於其他的診所，常常就連一天要吸引到一位患者，都是困難重重。因此也可以想見在許多情況下，還有可能為了搶患者，訴諸暴力。

典型的例子就像是凱達・奈斯，他一生大都住在喀瓦漢（Kutwahan）這個小村子裡，在一小片土地上種植稻米、芒果和香蕉。六十年來的辛勤工作，使得他的臉龐歷經風霜，布滿皺紋。他的三個兒子都已經前往遙遠的孟買當建築工人，每個月會把一小筆錢寄回家鄉，貼補家用。奈斯生活節儉，還會儲藏東西，以備將來老得無法耕作田地時使用。我跟這位飽經風吹日曬的黝黑農夫會面時，他穿著白色的長纏腰布，戴著被太陽曬到褪色的頭巾。他的雙手因老邁而多瘤節，眼神卻精力充沛得有如年輕人。

他身體有很多毛病，每個月都要坐破舊的公車去哥拉浦一趟。他的醫生查克拉潘尼・潘迪（Chakrapani Pandey）是一位在美國巡迴演講中常見到的知名講師，但一生都在服務窮人，還在哥拉浦市中心經營一家診所，大量補貼窮人的醫藥費。他也是在哥拉浦最受人敬重的醫師裡的其中一位。每天早上，在診所開門營業的三小時前，患者就會開始排隊，等候接受他的醫療服務。

在二〇〇九年三月的某天，奈斯照例在公車站搭了電動三輪黃包車要去潘迪的診所，但沒料到司機卻另有盤算。待奈斯一坐上後座，兩名牙齒有檳榔漬、表情凶狠的壯男便跟他說，他們要帶他去看更好的醫生。他們跟奈斯說：「潘迪不知道自己在做什麼，席拉醫院的人比較厲害。」而當他試圖反抗時，那兩個男人便抓住了他的手臂，壓制住他。奈斯大喊救命，但沒有人聽見。

席拉醫院跟許多新設立的私人診所一樣，專為離鄉背井的勞工提供醫療服務。醫院建築高達四層樓，內有候診室和手術室，提供各種一般醫療服務，不過也就跟哥拉浦的其他地方一樣，經常發生血液不足的狀況。

奈斯說，他被拖到醫院前的混凝土坡道，最後不得不進了醫院，被迫在櫃台付了費用。然後，那兩個男人把他拖到一間有鐵門的隱祕小房間裡。他一臉氣憤地說：「那裡有四個男人，他們分別壓住我的四肢，我無法反抗。」其中一位助手把針插進他的手臂，然後把一品脫的血液抽到了玻璃容器裡。抽血完畢後，他原本的白色長纏腰布都沾到了血，接著他們給了他一份泌尿感染處方箋，就把他丟到街上去。因為一路上他一直奮力逃脫，加上過度失血，所以呈現半昏迷狀態，因此在將近一個小時後，他的腳才有了力氣。等終於站了起來，他叫了黃包車，前往潘迪的診所。

此時，身材高壯、表情和藹的潘迪，就坐在巨大的鐵桌後方，天花板燈靠著一條細細的白色電線懸掛著，那盞燈的高度低於他的眼睛。房間內唯一的奢侈品就是一台巨大的冷氣機，猛吹出寒冷的空氣，讓診所的溫度接近北極。當我一提到奈斯的名字，潘迪的臉色一沉，壓低聲音。

「你看到診所外面大排長龍吧，在哥拉浦，每一個人都知道我是很受歡迎的醫生。但是，我一天至少要損失三名患者，我的患者被其他醫院的仲介拉走，那些醫院想要增加業務量。」他還說，哥拉浦的醫院不僅在血液供應方面相互競爭，還會爭奪屍骨未寒的患者屍體。他們雇用計程車司機和手段不高明的惡棍，監視其他診所，把患者帶去那些付佣金的醫院，有時會用暴力手段脅迫患者去。他說，有一次他還抓到了一個仲介，對方跟他說，如果找到了可能付給醫院大筆費用的痛苦患者，佣金最高可達三千盧比，相當於七十五美元。這一大筆錢足以讓坐計程車這件事變得危險重重。

「奈斯碰到的情況是血被偷了，但誰知道那些人還會做出哪些事情？」他問。或者，說實在的，還有哪些罪行是打著醫學的名義犯下的？

這是我參加樂威壯（Levitra）這個勃起功能障礙藥物的臨床試驗期間所使用的證件。2005年，我跟沒錢的大學生和職業白老鼠，一起被關在一間小型測試設施裡，服用樂威壯，測試安全劑量上限。

## 第八章

# 臨床勞工白老鼠

我是勃起功能障礙界的葉格*，或可說是眾多葉格的其中一位。

二〇〇五年夏天，我剛從威斯康辛大學麥迪遜分校的人類學研究所畢業，微薄的助學金就要用光了，我不僅沒保險，又欠了學生貸款。對於像我這樣以及美國成千上萬的學生而言，想要輕鬆賺一筆錢，其中一個方法就是報名參加藥物試驗，成為白老鼠。而麥迪遜便是美國為數不多的主要臨床試驗中心之一。要把我的身體租出去很容易，只消瀏覽地方週報的分類廣告欄，在伴遊和床伴徵人廣告旁邊就是了。

這份差事跟賣淫很像，現金實在誘人，三千兩百美元啊，至少科文斯（Covance）在自家網站上是這麼廣告的，似乎是一筆好買賣。科文斯是一家當地的契約型研究機構，代表各大製藥公司進行臨床試驗，我只要當白老鼠幾個星期，賺的錢就能抵過以前工作三個月的薪水。而這次要試驗的藥物是重組威而剛配方的新藥，威而剛是史上最熱賣的藥物之一。

當時，研發出威而剛的輝瑞大藥廠完全掌控了勃起功能障礙市場，而拜耳藥廠也想分一杯羹，於是便稍微重組了威而剛的配方，推出了勃起增強藥。業界稱這種藥為「同質藥」（me too drug），其基本藥理特性跟市面上既有藥物相同，但當中的差異，又足以另行申請專利資格。不過，即使是同質藥仍得清除法規上的障礙，因此拜耳藥廠雇用了科文斯臨床研究機構進行臨床試驗。在經過簡短的篩選過程後，科文斯雇用了我和另外三十個男人，花四個週末的時間共同在實驗室吞下大量的壯陽藥，幫自己的槍上膛。

當然了，他們之所以會付錢給我，是因為臨床試驗一點也不安全。二〇〇六年，有八個人志願參與為期一週的TGN1412研究，TGN1412是一種正在實驗中的藥物，用於治療類風濕關節炎和白血病。但在服用第一劑的數分鐘內，便有六個男人嘔吐，接著失去意識。當時倫敦北威克公園醫院（Northwick Park Hospital）的人員趕緊把他們送到創傷中心，多位醫師確認是多重器官衰竭症狀，雖然最後救回了他們的性命，不過藥物已造成他們的免疫系統受到不可逆的損害，其中一人甚至失去了腳趾和手指，還有一人最後罹患癌症，而這可能就是TGN1412所引起的。

一九九九年的費城案，危險程度就更高了。當時傑西・蓋爾辛格（Jesse Gelsinger）正在接受第一批雞尾酒基因療法，可是五天後就死亡，當時他年僅十八歲。基因療法是針對患者基因組成裡的特定變異，將壞基因換成好基因，因此很有可能可以打擊遺傳疾

＊譯註：全名為：查理・艾伍德・「查克」・葉格（Charles Elwood "Chuck" Yeager），一九二三年生，美國空軍少將退役，是史上第一位超逾音速的人，被認為是二十世紀人類航空史上最重要的傳奇人物之一。

病。假如該藥物有效，就等於是在革命性的全新醫療領域跨出了第一步。然而，他的死亡造成寒蟬效應，媒體把整個基因療法領域判了死刑，大有可為的科學探究方向，也因大眾的怒氣而就此告終。他的死亡同時也震驚了美國食品藥物管理局和投資者，足足十年後，才有另一個基因療法臨床試驗向前邁進。那次試驗引起的餘波，讓當代所有其他的實驗都受到影響，也造成新藥研發的危險度增加。一旦藥物研究出了問題，不但會有人死掉，就連數十億美元的投資也會突然間付諸流水。

不過，一劑配方重組的威而剛似乎沒那麼危險。畢竟，世界各地已有數百萬人在使用威而剛。當天我去城外一棟外觀矮寬的一層樓建築報到，穿過氣鎖門，一位護士幫我簽到，告訴我要把旅行袋放在哪裡，接著在我的脖子掛上相片識別證。我穿越了充滿強烈乳膠味和消毒味的走廊和交誼廳，經過了一些三十幾歲的男人，他們是參加另一項研究的人，臂彎裡有著沾了血的小片紗布，繃帶看起來像是微型模型裡的日本國旗。

一小時後，最後幾位參加樂威壯試驗的人終於到了，護理長帶領志願者進入餐廳，說明宿舍規定。

**一、上廁所前，需經許可。膀胱裡細微的變化，可能會影響樂威壯的代謝率。**

**二、抽血時要準時出現，不容許有例外。一天要抽血十九次。**

**三、禁止喝酒、性交、咖啡因、藥物、色情片、運動。其實，除了讓身體處理藥物外，我們實際上所做的事情是愈少愈好。**

**四、若有任何不尋常的副作用，請立即呈報。**

「基本上就是餵食和抽血的研究。」護士這麼告訴我們。「我們要研究藥物會停留在你們的體內多久，我們不用知道你們是不是有……嗯……我們不用知道藥物是否有達到效用，除非發生不正常的狀況。」我們認為背後的含義是，她不在乎我們是否有勃起，這讓我們鬆了一口氣。說明結束後我們陸續走出會議廳，我坐在一台巨大電視機前方的沙發上，跟參與同一研究的其他成員握手問好，發現裡頭至少有一半的人是靠藥物試驗維生。

其中一位職業白老鼠叫法蘭克，他是個四十四歲的退伍軍人，從佛羅里達州搭巴士來這裡，參加過的臨床試驗有將近五十個。他穿著藍色的運動褲和褪色的冠軍T恤，這套軍人運動服舒適度勝於時尚度。他跟我說，通過試驗的訣竅在於，對於微不足道的不舒服，要保持冷靜。如果問題變得很嚴重，你自己自然會知道。

他告訴我，有一次他看見某個人在第一次抽血時就陷入恐慌。那位試驗對象開始大喊說，雞尾酒實驗療法讓他的手臂發燙，他想要出去。當場護士就讓他有選擇離開的權利，只是他的津貼必須沒收。最後，那位患者跑掉了。不過，法蘭克決定堅持下去。這麼輕鬆就能賺到的錢，他才不要放棄。他們幫他注射藥物，他的確也有發燙的感覺，就跟他前面的那個傢伙一樣。可是，他沒有陷入恐慌，心甘情願承受。

但在幾天後，醫生便取消了研究，把化合物送回實驗室，要重新配方。「覺得好像是不正當的買賣，堅持下去的人只在診所裡待了幾天，就拿到了為期三十天研究的費用。」他這麼跟我說，還露出得意的微笑。他不知道自己的身體部位是否有受損，但是堅持下去的代價，就是八千美元輕鬆入袋。

如果這樣是不正當的買賣，那麼又該算是何種不正當的買賣呢？在藥物試驗時，試驗對象的工作方式與傳統不同，甚至有許多人在談及自己接受的實驗時，都是當成意外之財看待。不過，雖然他們並沒有在積極工作，但是這並不表示他們沒有提供寶貴的服務給藥物公司。這些接受試驗的白老鼠所提供的產品，雖然不是來自於生理或心理上的努力，卻也可能很危險，同時又很耗時。社會人類學家凱瑟琳·渥比（Catherine Waldby）和瑪琳達·庫伯（Melinda Cooper）也曾仔細思索這個議題，最後發明了「臨床勞工」（clinical labor）這個詞彙，用來描述法蘭克這種人為了維生而從事的不太是工作的工作。但要是沒有他們的寶貴貢獻，整個製藥產業就會逐漸停擺。

可是如果是站在藥物產業的官方立場來看，其實不應該有臨床勞工的存在。志願參與藥物研究，也和世上所有其他的人體市場一樣，都攙雜了利他主義和營利表現。雖然藥物公司心不甘情不願地補償人們在臨床試驗裡所耗費的時間，但卻也一再重申當白老鼠並不是工作，而是捐贈的行為。

不過，這依舊無法阻止美國地區將近一萬五千人參與藥物試驗，藉以賺取一大部分的所得。美國國稅局也不把這件事視為問題，樂於對公司所支付的現金徵稅。

這種參加藥物試驗的工作方式，不同於在血汗工廠裡賣命、提供會計服務或賣淫等等，一般而言試驗對象其實什麼事情也不用做，製藥公司只不過是租用他們的身體，研究人體代謝過程。實驗室付錢買試驗對象參加試驗所耗費的時間，並針對測試員的身體健康有可能面臨的嚴重風險，給予補償。

但站在資料品質的角度來看，倚賴職業白老鼠會是一個大問題。為獲得最佳結果，醫生必須盡可能隔絕許多變數，因此如果試驗對象參加完一個試驗後又接著參加另一個的話，體內會累積一堆不明的實驗性化合物，那麼就會造成問題。長期參加各種藥物試驗的白老鼠，其體內有可能會變得習慣處理藥物，免疫系統也可能會產生一般人不會有的怪異反應。因此，在理想的環境中，試驗對象應該要很少或先前並未接觸過藥物。在最理想的藥物試驗中，試驗對象要完全未接受過治療，真正達到毫無病歷可言的程度。試驗對象的藥物治療紀錄愈空白，藥物公司就愈能夠把他們的身體資料化為金錢。

職業白老鼠通常把個人利益放在資料的前面，這種自我保護的意識有可能會影響到試驗結果的準確度。測試員投機取巧，不服用藥物，或在近期內參與多項試驗，甚至太多謬誤的藥物交互作用，都有可能導致試驗必須從頭重新開始*。

同時間，藥物測試員也處於兩難的處境。臨床試驗在性質上是危險的工作，而試驗中心很難找到志願測試員列入候選名單。真正出於純粹利他主義的志願者，是十分罕見的。可是，付現金的話，就表示職業測試員的出現幾乎是無可避免的。替代方案就是回到早期招募試驗對象的模式。從二次世界大戰到一九七〇年代之間，估計有百分之九十的藥物是首先在監獄裡試驗的。一講到志願工作，囚犯的選擇並不多，不是要做粗工，就是當實驗室的白老鼠。在監獄的環境裡，藥物公司可密切監看囚犯的一舉一動，也可以仰賴州政府，避免囚犯作假。

當時，這些嚴格的科學實驗計畫促使藥物研發進入全盛期，資料高度精確，而且支出的成本比現代藥界低很多。不過，這樣的方式最後讓囚犯權益運動人士給終結了。運動人士將囚犯藥物研究的危險程度比作是一九三〇年代至一九七〇年代間的塔斯科基（Tuskegee）梅毒研究，當時塔斯科基梅毒研究是在試驗抗梅毒藥物的功效，而醫生卻故意不治療由非裔貧窮久病者構成的控制組。因此當法律禁止把監獄當成試驗地點後，藥物公司便失去了可試驗一堆人體的大本營，不得不改變研究策略，放棄脅迫手段，改為提供誘因。

因此，提供有價服務的志願者取代了囚犯。不久之後，一整個階層的民眾——多半是藍領工人、更生人、學生、移民——發現藥物試驗是邁向經濟獨立的途徑。這種情況使得藥物公司陷入了不自在的處境。

人類學家亞卓安娜・派崔娜（Adriana Petryna）曾在文章中引述某位資深藥物招募

---

＊如需有關臨床試驗生活方式以及藥界對治療資料的偏好，請參閱卡爾・艾略特（Carl Elliott）開創性的著作《White Coat, Black Hat: Adventures on the Dark Side of Medicine》（Boston: Beacon Press, 2010），內有完美的分析內容。他在書中分析藥物產業庸醫、職業的實驗室白老鼠以及腐敗的醫生，讀完後，您會對吃進體內的藥品更為謹慎。

專員的話，提出招募一途是長久存在的問題：「我沒遇過真正掌握訣竅的人。有時很幸運，很快就能找到測試員；不過，大部分的時候，真的很難找到患者，而之所以很難找，是因為大家都在找＊。」

在藥物試驗的交誼廳裡，法蘭克跟我說，他在這行是真正的老手。他身材高䠷，一頭亂蓬蓬的黑髮，此時他接受的臨床試驗已近結尾階段。他跟我說，要把臨床試驗當成職業的話，訣竅並不是就這樣老實做下去，而且其實從邁阿密到西雅圖沿途有許多試驗中心，白老鼠會像季節性的勞工般遷徙。他說：「理想上，白老鼠每隔一個月就會爭取一次試驗，這樣就有時間讓體內的藥物排出來。如此一來，你就有三十天的安全間隔，萬一發生預料之外的交互作用，還有緩衝時間。」此外，職業白老鼠（多半是前科犯、非法勞工或學生）從事這行都是為了很快能賺到錢。

他還特別強調一件事：「如果要一直做這行，就必須顧好靜脈，不然看起來會像是毒蟲。」一副毒蟲樣肯定就沒辦法加入日後的試驗研究。他跟我說，皮膚上的針孔處要塗抹維他命E，就能加快癒合速度，還要盡可能讓手臂輪流打針。「第一次卡針的時候，真的很痛，不過卡針卡到第三次至第十次時，就不會在乎了。等到參加試驗的一年後，你就會想把抽血者的針搶過來，自己打。若是碰到實習生，你根本不用多想啊，他們肯定會像剃刀一樣切你。」對於全職測試員而言，靜脈就是搖錢樹。要是沒有靜脈輸送藥物到法蘭克的循環系統，法蘭克就無法賺錢維生了。我把他的話全都牢記在心裡。

在這項試驗的第二天早上六點四十五分，服用完第二劑藥物後，我覺得自己已經完全做好準備了。他們給了我一小碗玉米片和全脂牛奶，要我十五分鐘吃完，然後跟一小組人一起排隊。這項樂威壯的試驗研究分成三個組別，分別是安慰劑組、中劑量組、高劑量組。我與法蘭克視線對望，對他微笑。他以純熟的自在感看著護士站，有如賽車手用眼睛打量分析著車道。

扎針的過程很順利，結束後負責早班的漂亮年輕護士要我去護士長那裡。護士長一副晚娘面孔坐在桌子旁，而站在她右手邊的人手裡拿著手電筒。這兩人前方是一張藍色紙巾，紙巾上有一顆藥丸，還有一杯水。

「把藥丸放在舌頭上，一整杯水喝下去，藥丸一定要吞進去。藏在嘴巴裡的話，就

---

* 出處：Adriana Petryna, "Ethical Variability: Drug Development and Globalizing Clinical Trials," *American Ethnologist* 32, no. 2（2005）: 185.

會失去試驗資格。」我在此時領會到，法蘭克可能會有錦囊妙計，好順利通過這類試驗。我吞下藥丸，那女人用手電筒檢查我的嘴巴，還要我移動舌頭，好確定我已經吞下藥丸了。

目前的樂威壯配方是以二毫克、五毫克、十毫克的劑量投藥，至於最嚴重的個案，還有二十毫克的劑量。而我吞下的則是三十毫克。高劑量是為了試驗人類耐受度上限，以確保服用藥物的數百萬人不會中毒。就白老鼠而言，試驗中毒的界限就是此試驗的要點所在。也許三十毫克已經足以讓某個人的陰莖下垂，可沒人想要遇到這種事。

之後當我跟法蘭克碰到面時，我便問他有沒有服藥？他跟我說，職業老手絕對能夠藏藥，但是就我們所服用的藥物而言，並不值得冒險藏藥。

「同質藥是最安全的藥物，沒什麼好擔心的。」法蘭克說危險度很低，我幾乎就要相信他的話，只不過是把威而剛的配方稍微改一下，而且威而剛和樂威壯其實都是讓陰莖裡的血流量增加的藥物，會有什麼危害呢？

一般藥物要取得核准的話，必須通過三階段的臨床研究試驗。最危險的階段就是第一階段，一小組志願者會服用高劑量的實驗藥物，藉以試驗藥物對健康患者所產生的毒性，這個階段代表著醫生可開立的劑量之上限。第二階段則是以人數稍多的生病患者為對象，試驗藥物對治療某一具體症狀所產生的效用；最後是大規模的第三階段試驗，這是最安全的階段，用於決定藥物的臨床應用效果。職業的試驗對象通常都會選擇最危險，但最多錢的試驗。

當然，在麥迪遜所進行的試驗就是第一階段，而我也在沒多久後就知道自己試驗的是人類對於勃起交互作用的耐受度上限。因為一小時內，我的頭開始抽痛，好像腦袋從中間被劈成兩半。我躺在床上，把燈光調暗。因為要找出最大容許程度，就表示臨床醫師必須經常遊走在安全界限，小心增加劑量，而且只有在進入危險區後，才會調低劑量。走廊裡，無情的日光燈底下，我聽見有一位實驗室白老鼠在嘔吐。他對著馬桶吐了半小時，塑膠玻璃後方的護士監看著他的狀況。

他要護士給他Advil止痛藥，但是護士透過對講機說，在給藥之前，必須先取得上司同意，她不想要影響資料的準確度。三個小時後，頭痛藥的許可才終於下來。

在這項研究中，只有兩個人沒有頭痛，因此使用此壯陽藥物的實際上限必須低於三十毫克。現在候診室裡充滿了頭痛又勃起的男人，頭痛和勃起，實在不是特別性感的組合。

我接下來還有兩個週末要回來參加試驗，但是等我走到大門出口，一位護士卻遞給我一張支票，上面的金額變少了，她說，接下來兩週，他們不需要我了。這是因為我身體提供的資料不符合他們的標準？還是因為他們希望美國食品藥物管理局的官方歸檔紀錄上，不會有那麼多患者出現頭痛欲裂的症狀？總之，他們沒告訴我原因，但我還是收下支票了。該項試驗結束後，法蘭克寫了電子郵件給我，他說，如果想要收到全額款項，有時最好不要承認自己的症狀。當然法蘭克順利完成了試驗，並獲得全額款項，他正南下至邁阿密，在夏末度一個月的暑假。

我不禁忖度，自己是不是真的想要倚賴勃起功能障礙藥物的試驗，來賺錢維生呢？當風險有可能很小的時候，除了支票和頭痛，我還能從中獲得什麼呢？還有在市場上推出另一種威而剛仿製品，究竟有何意義呢？

離開了臨床勞工的工作後，我回到了沒保險也沒工作的世界，開始找別種賺錢謀生的方式。我就跟所有的實驗室白老鼠一樣，一旦身體代謝完藥物後，就盡完了職責。我同時也開始思考要不要去印度工作，我有大學學歷，或許可以為學生開設國外課程。

結果，我發現，想在國外找工作的人，不只有我一個人而已。

藥品一旦有測試準則的存在，就表示市面上的藥物是安全無害的，並且經過徹底的審查。可是，獲得核准的過程通常是既漫長又昂貴，隨隨便便就有可能要耗資十億美元，而最終能否獲得核准，仍是未定數。

雖然像威而剛或是精英級癌症療法等大獲成功的藥物，輕鬆就能彌補大筆投資金額，但是歐美地區的藥物試驗成本卻還是讓藥物研發公司倍感壓力。尤其在沒有囚犯做為試驗對象後的二十年間，藥界對於增加的費用更是感到厭煩。一九九〇年代，新時代開始醞釀，大筆投資流向生技新興公司以及國際證券交易所公開發行的證券，使得製藥產業成為高獲利、高風險的輪盤遊戲。

有愈來愈多的生技公司與藥物研發公司，採用了擁有ＭＢＡ學位的董事會做為領導階層，他們再也不是關心患者治療效果的科學家與臨床醫師。投機的投資者可用便宜的價格買下股票支持公司，等待大有可為的臨床試驗結果在一夜之間提高公司股票價格一倍，然後讓投資人賺得數百萬美元。即使在之後的監管規定階段，發現藥物最後是個沒用的廢物，錢也早就進了投資人的口袋。

這種首次公開招股的心態，正好就表示了藥物的救命性質也需要計上盈利表現才行。也因此，血壓調節藥以及高血壓和勃起功能障礙的療法便得以迅速發展，其他利潤較低的研究領域所能募到的資金也就隨之減少。

不過，在九〇年代仍舊有許多藥物試驗需要進行，那時製藥公司便發現自身的能力已無法應對及消化工作量，他們需要專業的協助，以因應其對藥物資料的需求。原本製藥公司都是在內部進行所有研究，並接受大學醫院或研究醫院的監管，但後來有許多獨立的契約型研究機構興起，他們結合了以利潤為重的管理技能以及複雜的臨床技能。這類研究機構有能力提供產業級的臨床試驗，並擅長於大眾市場試驗。最後，科學家必須要做的事情就只有構思概念並擬訂測試準則，接著，像是費城的Premier研究集團或威斯康辛州麥迪遜的科文斯公司等團隊，就會在公司外部進行預先計畫好的臨床試驗。

最起初，契約型研究機構多半位於大學城裡，因為那裡有許多需要快速賺取現金的大學生會報名參加研究。唯一的問題在於試驗的數量實在太多了，學生數卻不足。於是契約型的研究機構便開始遷往城市的貧窮區域，這樣就可以輕鬆吸引到收入低的居民，有如一九五〇年代血液產業的作為。由於這類組織所要負責的工作內容就是取得資料，因此契約型研究機構可以像其他公司那樣，尋找更便宜的勞工來源，藉以降低成本。今日，契約型研究機構遍布於美國與墨西哥之間的邊界城鎮，吸引移民人口進入試驗設施工作。契約型研究機構指出，一九九〇年至二〇〇一年間，在低收入地區進行的臨床試驗數量增加了十六倍，並預測該數字到了二〇〇七年會再增加一倍。

結果事實卻發現，契約型研究機構的預估並不正確。而且，在美國境內經營的契約型研究機構數量反倒減少了，這是因為他們並未考慮到全球化因素的關係，像是資料蒐集的工作可輕鬆外包給道德標準較寬鬆、經營成本較低廉、平均每人國民所得較低的海外國家。荷蘭合作銀行印度金融（Rabo India Finance）公司在二〇〇四年所做的一份研究調查顯示，把試驗外包給印度或中國，估計可讓藥物試驗的整體費用降低百分之四十。到了二〇〇五年，前十二大藥物公司總計一千兩百項臨床試驗當中，就有一半是在英國、俄羅斯、印度、中國進行*。

對於美國藥物研發公司而言，這當然是很幸運的狀況，不只是因為在外國可節省成本，也是因為在外國從事藥物試驗，可解決美國職業白老鼠這個重大問題。因為如果藥物研發公司在患者很少接受保健醫療的區域設立實驗室，那麼差不多就能保證試驗對象

* 出處：Melinda Cooper, "Experimental Labour—Offshoring Clinical Trials to China," *East Asian Science, Technology and Society* 2, no.1（2008）: 8.

未受過治療。在很大程度上，因為印度與中國政府沒有能力讓國民享有醫療照護，所以這兩國有大量人口可做為先前未接受治療的自然人體基礎，甚至還有人即使是罹患了重大疾病，都從未曾接受治療過。到了二〇一〇年，印度更由於許多民眾都未受過治療，因而享受到每年二十億美元的豐碩成果。

在印度，「不僅研究成本低廉，而且也有技能高超的工作團隊可進行試驗。」《美國生物倫理學期刊》前執行編輯及美國環保署人體試驗委員會現任主席尚恩・菲爾普（Sean Philpott）如此表示。然而，志願參與試驗的人數遽增，所引發的問題很類似美國立法禁止對囚犯進行試驗。菲爾普說：「參與印度臨床試驗的個體往往沒受過教育，支付一百美元就可能稱得上是不正當的誘惑了，那些人甚至有可能沒意識到自己是被迫的。」

這種情況跟海嘯難民安置區的居民在生活壓力下賣腎是很類似的。在印度，參與臨床試驗的人，以及那些被腎臟掮客、代理孕母之家及血液小偷所利用的人，都是屬於同樣的社經階層。說也奇怪，這兩種市場裡的監督與脅迫行為都十分相似。由於印度藥物管制總署（Indian Drug Control General，角色類似美國食品藥物管理局）大致上的監督能力不佳，因此製藥公司就會想要規避道德規範，以期建立更佳的資料集，而這種作法已經導致一些錯誤發生。

二〇〇四年，印度藥物管制總署調查了兩家位於班加羅爾（Bangalore）且備受矚目的生技新興公司——山沙生技公司（Shantha Biotech）和拜耳康生技公司（Biocon）。這兩家公司違法進行基因改造的胰島素臨床試驗，造成八名患者死亡。他們甚至沒有讓受試者簽署知情同意書，更沒有採取措施盡量降低患者面臨的危險。

在另一起事件中，太陽製藥公司（Sun Pharmaceuticals）更說服四百名醫生開立復乳納膜衣錠（Letrozole）此一乳癌用藥，做為生育治療之用。太陽製藥公司希望復乳納膜衣錠能獲得做為他用的許可，以期讓銷售量增加一、兩倍。但該公司並未跟患者說明這點，就給予該藥物讓患者參與實驗。

雖然那些婦女並未呈報有嚴重的副作用，但是該藥物的確有可能會造成不可預期的憾事。

此外，這可能也不是唯一一次在孕婦或想懷孕的婦女身上試驗癌症療法。復乳納膜衣錠進行試驗的兩年後，當時我住在清奈正為《數位連線》（*Wired News*）報導一名新生兒的臉部嚴重畸形，是由名為「獨眼畸形」的罕見遺傳疾病所致。這種疾病會讓左右腦接合在一起，在該件案例中，即導致額頭中央產生獨眼。當時，我造訪了替獨眼新

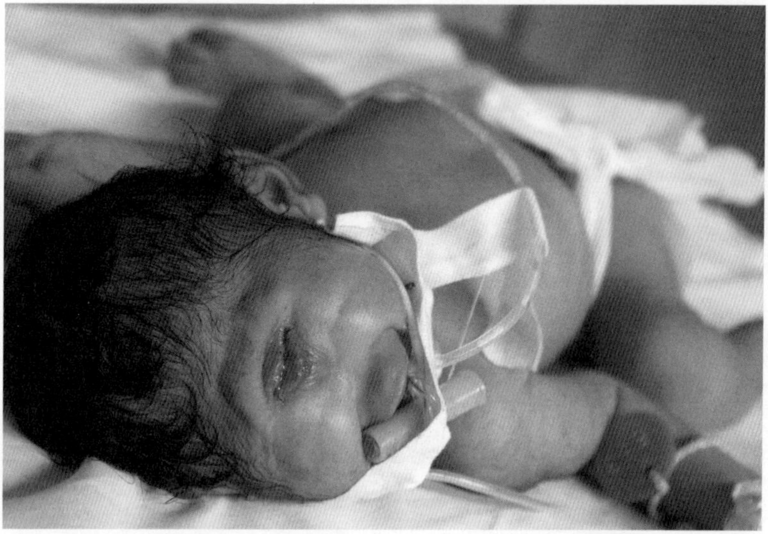

這孩子的出生證上面寫著「歌瑪蒂的寶寶*」，因為她生來就患有獨眼畸形的嚴重顱面疾病，家人不願替她取名字。清奈甘地醫院的院方人員寫道，這個罕見遺傳疾病有可能是因為採用環巴胺（cyclopamine）這種拙劣的不孕療法所致。當時，環巴胺在美國是做為癌症療法進行試驗。拍攝這張相片的一年前，製藥公司試驗了另一種抗癌藥物，以不孕療法的名義，在未受管制下，對數百名孕婦進行試驗。雖然環巴胺現在於印度境內已經是上市銷售的藥物，但是沒有任何公司承認自己曾在印度境內進行測試。

生兒接生的甘地（Kasturba Gandhi）醫院，院方人員告訴我，這名母親說自己已經努力試著懷孕好幾年了，當地的生育診所給了她一種不明藥物。

之後我獲准閱讀一份機密報告，院方管理部門寫道，那位母親很有可能服用了一種叫作環巴胺的實驗性抗癌藥物。在經過調查後我也發現，環巴胺目前正在美國進行臨床試驗。這個化合物衍生自北美玉米百合（North American Corn

Lily），早就被美洲原住民利用來避孕及止痛。不過在一九五〇年代，美國的牧羊人卻發現懷孕的母羊若長期食用玉米百合，就會生出獨眼小羊＊＊。而進一步的玉米百合試驗更顯示，環巴胺這項化學物質也會阻斷腦部發展與攝護腺癌的遺傳路徑。

基因生技（Genentech）和席洛斯（Cirus）這兩家大型生技公司認為，精煉的環巴胺或許能夠終止攝護腺癌，不過也都否認在印度進行臨床試驗，並表示在孕婦身上使用環巴胺會有危險。但是，我卻透過電話在孟買與德里找到幾家藥物供應商願意賣環巴胺給我。我在接下來幾週的後續調查中，只能找到少許有關獨眼嬰兒案的資訊，不過這些調查已足以讓大家開始擔心數百英里外的復乳納膜衣錠實驗。

「第三世界的生命價值遠低於歐洲人的命，這就是殖民主義的含義。」威斯康辛大學麥迪遜分校醫學史客座教授司里路帕・普拉薩（Srirupa Prasad）如此表示。

中國的情況甚至有可能更加危險，因為中國政府的立場是從匱乏的醫療中賺取可觀的利潤。最赤裸裸的案例是河南省，當地的赤貧農夫是人體市場的商人慣常利用的對

＊譯註：Gomathi，是印度女性常見的名字。

＊＊one-eyed goats，獨眼羊的相片用Google搜尋即可找到。

象。農夫的人體組織遭到摘取，然後被當成不知情的試驗對象加以利用。

自一九九〇年代起，河南省衛生廳廳長更設立了一家付錢買血的生技公司。這樣的體制很類似印度的職業血牛時代，只不過捐血人沒有能力討價還價，無法喊高血液價格。實驗室分離血液成分，然後在中國境內（或許還有國際）市場上販賣。人類學家安德訓（Ann S. Anagnost）曾寫道，生技產業已經憑藉自身力量，將血液轉變成可在市場上銷售的商品*。血液的交易方式類似黃金。中間人與掮客自行採集血液，賣給那些支付現金且不在乎血液取得方式的公司。安德訓更寫道，軍隊甚至扮演著居中協調的角色。

然而在這些類似印度哥拉浦血液海盜的場景中，唯一重要的事情竟然是血液的品質，而非採血的過程。為了節省採血的成本，未受過訓練的技術人員竟對患者重複使用針頭，致使愛滋病毒在捐血人之間擴散，不久後河南省就變成了中國境內愛滋病罹患率最高的省分之一。河南省政府這項不安全的採血計畫實施了長達數年之久，最後才終於不再買血，可是傷害已經造成了。

不過到了二〇〇二年，生技投資者卻將捐血導致愛滋病流行的情況，化為臨床研究的機會。他們開始在之前的捐血人之中物色試驗對象，以便測試實驗性的愛滋病療法。二〇〇三年，據點位於加州的病毒基因公司（Viral Genetics）進行了一項試驗研究，對象是河南省三十四位「未接受過治療」的愛滋病末期患者。這些患者的症狀極為嚴重，即使是傳統的抗反轉錄病毒藥物，也毫無效用。因此，該公司希望VGV-1這個實驗性的藥物能夠恢復上一代藥物的效用，並讓愛滋病患者預後較佳。這些患者是理想的候選人，因為中國政府未曾針對他們的愛滋病毒提供治療。

甚至對於多數曾捐血的人而言，那次的臨床試驗是他們第一個獲得醫療的機會。不過在試驗開始之初，卻沒人向他們說明藥物的風險，更沒說明藥物或許有助於預後（後來證明不行）。之後是在國際運動人士的幫忙之下，這群人才終於得以告知美國地區負責許可試驗設計的人體試驗委員會。但得到的回應是，可能需要對該項試驗的知情同意原則，進行一些表面上的小修改。

人類學家庫伯指出，人體試驗委員會的目光狹隘到只注意同意書這部分的問題，卻

* 出處：Ann S. Anagnost, "Strange Circulations: The Blood Economy in Rural China," *Economy and Society* 35, no. 4 (November 2006): 509-29.

沒有注意到這種行徑幾乎等於是在有系統地剝削那些長年遭到醫療詐欺的受害者。庫伯寫道，不用在意合約方面的議題了，臨床勞工「沒什麼可賣了，只能接受*」。

在更深的層次上，河南省的藥物試驗在在都顯示了試驗對象無法共享藥物研究所帶來的益處。他們是藥物研發過程中未獲得公平待遇的夥伴，他們對研究做出貢獻，卻無法賺得市場價格，而等到藥物核准上市後，他們也無法取得專利藥物。

就算最後在河南省所開發出的新藥獲得了美國食品藥物管理局核准，但該藥物在患者的有生之年也很有可能永遠無法在中國市場上市。正如腎臟市場、卵子市場以及其他種類的人體市場，試驗對象的人體部位只能夠向上提供給社會階層較高者。製藥公司因外包臨床試驗而獲得的益處，大都是階層低下者永遠無法享有的。窮人承擔了試驗藥物的風險，只有富人獲得了潛在的益處。根據安永（Ernst and Young）會計師事務所在二〇〇六年所做的一份研究調查顯示，中國的人口當中，最多只有百分之十（亦即能負擔健保的人口比例）買得起專利藥物**。

人們在提到人體的價值時，常常會出現雙重標準。在研究期間，參與臨床試驗的人們是利他的志願者，有助於科學研究的進步。在藥物試驗之後，他們的貢獻卻被人遺忘，而專利藥物所帶來的經濟利益以及新療法的益處，他們也無法享有。雖然試驗對象在藥物研發過程中整個身體都承擔了風險，但是那些後來因販售藥物而賺取數十億美元的公司，卻不承認藥物製作所付出的代價不只是人體部位，還有活生生的人類的心智和軀體。

＊出處：Melinda Cooper, "Experimental Labour," 16.

＊＊令人眼花撩亂的國際協議與商務世界，可能會讓這個數據多少低一些，這是因為中國政府往往忽視世界貿易組織的協議，經常允許中國境內的製藥公司推出侵權的仿冒藥。

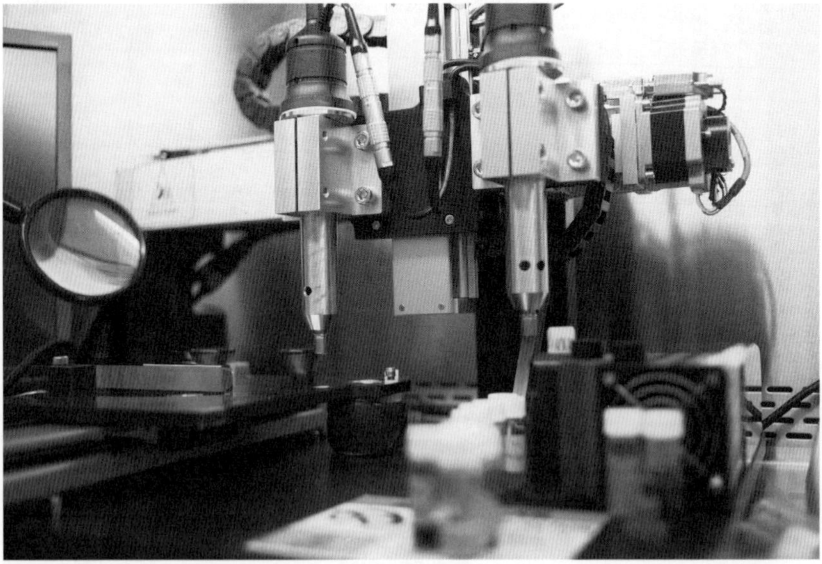

加州的生物創新公司實驗室裡的3D立體印表機。此印表機使用了幹細胞所製成的墨水，印出人體組織。有一天，此印表機就有可能製造出人工器官，阻止非法人體組織市場的擴散。然而，這項技術仍面臨多項重大挑戰，有待克服。

第九章

# 長生不老的承諾

在賽普勒斯的一家生育診所裡，英俊瀟灑的胚胎學家考道洛斯（Savvas Koundouros）在空中揮著手，好像要擦掉我那些即將脫口而出的問題似的。他從事的是人類卵子產業，沒錯，但是生殖產業不光只是製造嬰兒而已。抽菸抽到嗓音低沉的他，拿走了我的筆記本，開始潦草地寫下筆記。

「在這裡，最有新聞價值的就是幹細胞。不久之後，我就會開發出新的胚胎幹細胞製造過程，不用卵子就能辦到。」他將一根手指朝向天空，似乎沒一刻停得下來，同時還說他正在研發一種方法，要從其他組織中製造出胚胎幹細胞。他說，有一天，這項研究將可規避美國禁止從事胚胎幹細胞研究的法律規定。就是該項規定使得科學家只能使用少許幾株基因物質，唯一值得慶幸的是，還好這些基因物質不用受布希總統禁止使用新株的新規定所限制。新物質的缺乏是臨床進展的一大阻礙。到了二〇〇九年，美國總統歐巴馬才終於撤銷了禁令。不過這條研究之路似乎一直遭遇重重障礙，比方說，聯邦法院發布禁制令、宗教活躍人士發起抗議活動等等。

數十年來，胚胎幹細胞研究始終是頗受爭議的戰場，有遠見的科學家認為幹細胞是極為有益的醫學分支之根基，不過，宗教團體認為胚胎研究會殺死潛在的人類生命，因而提出反對。因為至今為止，如果要培養出新的幹細胞株，唯一的方法就是要摧毀胚胎。

然而，考道洛斯說，他的實驗室以後將可以避開宗教人士的抗議，未來根本不用摧毀卵子，而是從骨髓或皮膚組織中培養幹細胞。他會運用基本上差不多的科學原理，以技術方法來解決棘手的政治爭論。他語帶興奮地表示，科學家可以繼續帶領大家進入新的醫學時代。或許在這樣的醫學進展之下，實驗室就能夠再生整個器官、修復受損的組織，還有可能讓人永遠不死。幹細胞的潛力無窮。

他說話的同時，我的筆記本上也被畫滿了交叉的線條和圓圈，用以代表卵子、DNA鏈，以及被鎖在人體內的那股無限的療癒潛力。我耐著性子，抓住正確的時機點，才終於把筆記本從他手裡拉回來，我找到一些空白處，寫下我對這個主題的摘記。可是，我的筆不久就慢了下來，然後停筆。這不是他的錯，只是我對這個主題的關注比不上他熱情。這種事情我以前聽了不下數十次，幹細胞或許是人類的未來，不過，醫學上要有突破性的發展，途中遇到的難關可不光是法規而已。

我們停滯在科學創新的邊緣已有長達數十年之久了。似乎每隔幾個月，就會有某位科學家預測，不久的將來人類會像蠑螈那樣，失去的四肢能夠再生。還有某雜誌會吹噓說，某實驗室即將獲得突破性的進展，將有能力在生物反應器裡培養出基因完美的新鮮器官，或者電腦技術有一天可以讓人們把腦袋下載到硬碟上，繼續以虛擬方式重現真實的自己。如果那樣都行不通的話，也已經有公司提供低溫冷凍人體的服務，這樣我們就有機會等待再生藥物的出現，解決死亡問題。不過，比這些都重要的卻是，社會大眾一直把希望寄託在醫界一再重申的各種幹細胞治療，以期替醫藥的未來鋪路。

大家首次聽到幹細胞是在一九六三年，當時恩斯特・阿姆斯壯・麥卡洛克（Ernest Armstrong McCulloch）與詹姆斯・提爾（James Till）這兩位以多倫多為據點的細胞科學家，向大家證明了幹細胞可轉化成體內其他任何一種細胞。這類「複效性」的幹細胞有可能是修復或替代受損人體組織的關鍵所在。到現在，我們已經耐心等待了一個世代以上的時間，希望終有一日能夠將人體視為可再生的資源。有了幹細胞與再生藥物，我們終於有機會將內在的自我（亦即靈魂）以及使我們得以漫遊世間的肉體給分離開來。我們再也不會困在一出生即擁有的肉體裡。長生不老，伸手可及。

而我們現今之所以會如此相信科學可以帶來靈丹妙藥，可能是始於一九二八年，當時蘇格蘭藥理學家亞歷山大・佛萊明（Alexander Fleming）的實驗室不太整潔，有一次他去度長週末，恰巧把好幾個裝有普通細菌的皮氏培養皿留在實驗室。等他回到實驗室，才發現伺機而起的菌類已經占領培養皿，殺死細菌，他無意間發現了盤尼西林*，這是現代醫藥的第一個大變革。不到幾年的時間，醫院病房就能夠對抗那些在術後造成患者死亡的感染，腺鼠疫幾乎完全滅絕，鏈球菌咽喉炎、結核病、梅毒再也無法置人於死地。多數人都不記得，過去，只要是喉嚨痛就表示一定會死亡。對於當時的人而言，抗生素有如神賜予的禮物，如同長生不老果。

人類社會的歡欣亦可拆解成數字表示：中世紀，人類的壽命很少超過二十五歲；到了二十世紀，在美國出生的兒童預期可活到四十七歲左右；如今，出生的兒童應該可活到七十八歲。發現抗生素，加上安全的輸血、公共衛生的改善、可降低嬰兒死亡率的醫院照護，使得已開發國家的預期壽命增加了將近三十歲之多。對此，著名的科普作家強納森・溫納（Jonathan Weiner）用以下這段話作結：「人類在二十世紀期間所增加的……壽命，相當於人類從出現在地球上之後一直到二十世紀前所增加的壽命**。」

溫納在《延續生命》（*Long for This World*）一書中，也概要介紹奧布里・德格雷（Aubrey de Grey）這位鼓吹永生的未來學家。德格雷認為，再生藥物可以讓人類壽命往

---

* 譯註：penicillin，為一種抗生素，有抑制細菌的功效。

** 出處：Jonathan Weiner, *Long for This World: The Strange Science of Immortality*（New York: Ecco, 2010）, 11.

前再跨一步，進而達到永生。德格雷將死亡視為一種有待解決的疾病，當醫學進步到所有疾病皆可治療的程度時，死亡就只會是沒保險的人會遇到的問題。

雖然德格雷及其追隨者是科學界的孤鳥，但是，相信醫學可治療病痛，只不過是人性使然罷了。不過，在經歷了將近一百年的醫學奇蹟後，穿著實驗袍的人竟然無法再持續構思出更佳的療法來治療疾病，這簡直是讓人難以想像的情景。以前，人們向神祈禱，希望神能讓自己更長命更健康；現在，人們則向科學家祈禱，希望科學家能針對那些致死的疾病，研發出療法。

活在這個充滿靈丹妙藥的時代，會出現的問題是——我們期望靈丹妙藥會不斷出現。在某些時候，光是小小的進展就會讓人覺得快要跨出驚人的一大步了。複雜器官的人工版本一直醞釀了五十多年之久，終於在一九四六年發明了現在稱為小透析機的第一顆人工腎臟，而首度在患者身上植入人工心臟，則是一九六九年的事情。

同時生物療法的進展也加快了。在生物反應器和適應力強的細胞株之協助下，就有可能在實驗室裡培養人類皮膚供移植用。燒傷患者有福了，他們可以從自己的身體摘取皮膚供移植用（男性最大片的可用皮膚往往是陰囊）。

不過，充其量也就只有前述那些少許的進展，在奮力抵抗著以下這個難以擺脫的問題而已，那就是：「要是醫學已進入停滯期，該怎麼辦？」二十世紀，抗生素似乎解決了感染問題，然而在過去三十年間，有抗體的細菌品種卻已經進化到可以讓多數老式的第一線療法失去效用。對抗生素免疫的細菌所引起的金黃色葡萄球菌感染，在短時間內就成為醫院裡的頭號殺手。基因療法也自從一名患者在臨床試驗期間死亡後，就走到了死胡同。除極少數的特例外，經美國食品藥物管理局核准的幹細胞療法仍舊非常遙不可及。

而就製藥的進展而言，除了抗生素以外，上世紀的藥物研發並再無其他明確的療法出現。如果藉由安慰劑進行功效試驗，也會發現多數的新藥只不過是比二十世紀初期的療法稍微有效一點而已。目前沒有藥丸可以治療癌症，而愛滋病患者需進行長期療程，服用削弱體力的藥物，才能讓愛滋病毒維持在慢性病的狀態。部分藥物，例如偉克適（Vioxx）消炎藥，實際上反倒增加了心臟病發作的機率，最後不得不回收。利潤高的抗憂鬱藥，如百憂解（Prozac），卻有可能造成患者自殺，在許多案例中，這類抗憂鬱藥減輕抑鬱的效用竟然沒有高過普通的安慰劑。每年，美國食品藥物管理局都會宣布回收了數百種經核准的藥物與裝置。儘管藥界活絡，但是我們並不清楚，藥界究竟有沒有向前邁進，或許只不過走到岔路上了。

這種情況透露出一大警訊。雖然幹細胞的神奇療法以及新藥研發的步調趕不上機器人或網際網路的技術開發，但是每隔幾年反而會出現創新的手術技巧與醫療造影技術。在二十世紀，對不同身體系統的切割、縫補和重建手法，堪稱有了飛躍的進展。

回顧在十九世紀時，動手術就等於判死刑。患者不是在手術台上失血而死，就是往往在復原期間感染致死。當時，最常見的手術就是截肢。在截肢案例中，手術成功與否並非取決於外科醫生的技巧或解剖知識，而是取決於醫生切割人體部位及燒烙傷口的速度。當時最有名的外科醫生羅伯特・李斯頓（Robert Liston）甚至可以在兩分鐘半完成截肢。

今日的手術室是神經中樞，代表高科技創新以及——更為重要的——成功。昔日的殺手，如腦動脈瘤、槍傷、開放性骨折、心臟病發作、腫瘤等，只要能即時送到急診室，就能有很高的存活率。而且腎臟移植手術現在也只需要幾小時就能完成，髖關節置換手術已是家常便飯，微創手術幾乎不留疤痕，我們活在手術室的黃金時代。

手術不斷創新，但反觀新藥研發和再生藥物卻處於停滯狀態，這樣的差異使得世界各地的人體市場對人體組織的需求永無止境。新藥研發與再生藥物並未隨著手術的對數曲線而有所進展。突破性的藥物少之又少，患者卻有急需。患者希望幹細胞能修補殘缺的腎臟和痛苦的心臟。就因為患者在再生藥物裡找不到他們期望的療法，導致最後必須走上手術一途。

人人都希望不要罹患腺鼠疫，都希望闌尾破了可動手術處理，還希望能夠減緩痛苦，這些或許是每個人的權利。可是，如果治療的成功與否，端賴於摘取別人的組織或奪取別人的健康的話，那麼問題就更為複雜了。

人類學家渥比——他發明了「臨床勞工」此一詞彙來描述臨床試驗一章所提及的白老鼠工作——曾寫道，人體組織市場的存在，在在顯示了「不可能透過合理的市場力量來管制人們對於軀體再生的幻想，因為這種幻想是出自於人們對於駕馭時間的渴望，以及對於死亡的恐懼*」。

即使在遙遠的未來，再生藥物在技術上是可行的，但若要說我們想在這一生親眼目睹，就是不合理的期待了。許多的已開發國家紛紛投資了大量的資源和財力，就是期望

* 出處：Catherine Waldby and Robert Mitchell, *Tissue Economies: Blood, Organs, and Cell Lines in Late Capitalism*（Durham, NC: Duke University Press, 2006）, 177.

能利用手術和藥物等介入方式，一次延長生命幾年。或許在某種程度上來說，這種方法幾乎是成立的，例如，新的腎臟能讓患者在不倚賴透析機的情況下活個幾年，接受捐心的受贈者有百分之五十的機率可多活十年，雖非永生，卻也夠久了。不過在同時間，在許多情況下，即使移植費用可依靠保險或政府補助，但是患者仍舊要付出高得離譜的金錢，甚至為了支付昂貴的抗排斥藥物療程，最後搞到自己和家人破產。

醫療產業讓人們太容易把「握有購買的力量」誤認為「握有擊退死亡的權利」。像是如果不進行器官移植的話，器官衰竭將會使人致命，因此與其將就面對可能發生的死亡、進入安寧照護中心、讓所愛的人準備好面臨患者的死亡，倒不如選擇合法或是非法的市場，至少那裡還販賣著延命的希望。正如筆者曾提及，身體狀況無法懷孕的婦女可以選擇在國內領養，醫生與社工也可以提供她各種醫療方案，讓有著她血緣的孩子能誕生在這世上。

但再回過頭來說，如果我們想要活在人命無價且某種程度上是人人平等的世界裡，那麼就不能將市場奉為圭臬，藉以判定哪些人有權利利用別人的身體。因為即使是最佳的組織捐贈體制也不免會在某種情況下出問題，讓犯罪分子趁機而入。也因為即使捐贈體制在多數的時候可以在人們不受剝削的情況下運作，但是一旦有犯罪發生，都是十分極端的，並足以削弱整個體制為社會大眾帶來的益處。

目前支配世界各地人體市場的道德觀，就是假設除了利他捐贈之外，還有合乎道德的方法可建立商業化的人體部位交易體制。然而，世界各地無償捐贈器官的供應量卻相當不足，造成整個體制無法維持下去。一旦供應量下降，犯罪分子就會尋找非法手段，藉以增加供應量。

要解決這種偽善的情況，其中一種解決方法就是立法全面禁止用金錢交易人體組織與人體，當中還包括不得付錢給以下人士：提供醫療服務的醫生、人體組織供應公司、醫療運輸商，以及涉及該產業的每一個人。當然，這種作法也有可能反而讓黑市更為興盛，迫使該產業走向地下化，而合法交易的供應量更會大幅減少。

還有另外一種解決方法就是揚棄人類生來平等的觀念，承認人體是商品，跟其他物品沒什麼兩樣。擁抱人體市場，就等於是認為人體可以當成零件看待，承認人生來就是不平等，有些人永遠是供應人體部位的這一方，有些人永遠是購買的這一方。在這個構想中，最惡劣的摘取人體組織犯罪行為或許就有可能受到約束，而違法仲介的誘因也會減少。可是，假使正式創造出這兩種截然不同的階層，社會大眾會有什麼樣的損失呢？

老實說，前述的解決方法都不怎麼吸引人。社會大眾不想要接受開放的人體組織貿易，但也不想要減少自己獲得延命治療的管道。換句話說，就是魚與熊掌都想兼得。

在人體組織市場與摘取組織的道德觀爭議中，哲學家與社會科學家爭論到此一僵持不下的地步時，總是會有人找後門，提出了人工市場的可能性。如果說是技術創造了道德難題，那麼技術或許也能從難題中自行脫身。

「就快要有突破了。」考道洛斯如此表示。他在自己那間舒適宜人的體外受精辦公室，一副自信滿滿的模樣，認為這裡即將研發出新的幹細胞療法，而我們也沒有理由說創新不會出現在這裡。對於想要走在醫學尖端、打破規定的醫生而言，賽普勒斯島有如安全的避風港。一九八六年，考道洛斯的競爭對手崔考斯打破了金氏世界紀錄，崔考斯利用體外受精的方式，讓四十六歲婦女懷孕。除此之外，還有一個案例更具有爭議性，那便是賽普勒斯的帕那伊歐提司・麥可・札瓦司（Panayiotis Michael Zavos）醫生開心宣布，他要不顧法律，成為第一位成功複製人類的醫生。他宣稱二〇〇二年是「複製人類年」，並開始在自己的實驗室裡進行研發工作。他堅持不透露辦公室地點，顯然是為了保護子代的生命和身分。到了二〇〇九年，他對英國《獨立報》的記者說，他在多位已準備好生產複製人的婦女身上，總計植入了十一個複製胚胎。儘管最後沒有一個胚胎生長發育成子代，但是他也並未表示要從此停止研究。畢竟，英國科學家試了兩百七十七次，才讓複製羊「桃莉」誕生。《獨立報》引述他的話說，他或者是另一個人遲早會成功複製出人類。

在石黑一雄（Kazuo Ishiguro）的《別讓我走》一書中，複製人的培養是為了捐器官給人類使用，而在科幻小說領域之外，就算複製了人類，其實也無法阻擋市場對人體的無止境需求。然而，世界各地的研究人員正在尋找突破點，希望能穩定供應人工（且去除個人身分）的人體組織。如果成功了，那麼就會完全改變人體交易的世界。

如果可以製造出產業級且生物上完美的人工組織與器官，那麼就再也沒有理由經營血液農場或竊取腎臟。如果注射幹細胞就會長出新骨頭，那麼就再也沒有人需要移植骨頭。而器官移植界的人會苦著臉說，再生藥物會是未來趨勢。考慮到今日人體市場的複雜度，若要動搖目前的人體部位市場，並消滅人體部位摘取網，那麼再生藥物或許是唯一明智的方法。

第一個——有人說是最成功，但這仍有爭議——摧毀人體組織市場的人工組織案例發生於一九八五年，當時生技巨人基因生技公司使用重組的mRNA*，合成了人類生長激素（HGH）。在那之前，注射人類生長激素已證實可處理幼童身上某些類型的侏儒症。而愛好鍛鍊肌肉的人士同時也發現，人類生長激素可以增大體型，讓肌肉的輪廓和力量達到新高。不過使用人類生長激素，藉以取得競爭優勢，當然是違法的行為，但是這樣並無法阻擋運動員想要使用生長激素的欲望。可是，人類生長激素並不容易取得。當時要取得人類生長激素，唯一的方法就是摘取屍體的腦下垂體，從小小的垂體裡擠出汁液，提煉荷爾蒙。想當然這種作法很沒效率，而且需要大量的腦下垂體才能製成一劑，供應來源也不穩定。

一九六〇年代至一九八〇年代中期，美國的殯葬業者以及替警察部門進行解剖的病理學醫生，摘取了數十萬個腦下垂體，賣給製藥公司，製藥公司再處理成可注射的藥劑。這是當時的標準作法，多數人終其一生並不知道自己所愛的人被切開賣掉。當時的人類生長激素價格十分昂貴，也很難取得，醫院最後還不得不雇用守衛，嚴加保護存貨，不然小偷會從貯藏室偷走，賣到黑市。

一直到人工製品衝擊到市場之後，腦下垂體貿易便在一夜之間消失無蹤。雖然人工生長激素的製造過程並不簡單，也沒有特別便宜，但是荷爾蒙的供應量卻突然大增，也實在是前所未見。或許是因為注射從屍體取得的生長激素會讓人感到恐怖，也會對健康產生負面的副作用，可是人工生長激素上市後，這方面的疑慮全都消失了。雖然注射人類生長激素的事件仍舊籠罩著體育界，但是在人體部位市集裡，生長激素的供應鏈已經被連根拔起。

現在，人工製品為各種人體市場帶來了新希望。今日，有數十家——甚至數百家——小公司投資於再生研究，有一天可能會成功。一般而言，這類公司可劃分成兩個壁壘分明的陣營。第一種是利用各種方式刺激人體自我療癒能力的實驗室，刺激的方式是提供可治療受損或老化部位的細胞原料，或找出隱藏的遺傳基因碼，活化蟄伏的療癒性質。採用這種方式的研究人員認為，人體懂得治療自身的問題，只不過是需要一點協助才能完成工作。涵蓋的領域有：幹細胞療法領域，可找出再生潛力的基因療法領域，幾乎整個替代醫學（alternative medicine）領域。

第二種再生藥物的流派往往對於自我再生的主題採取未知論的態度，不過，他們卻認為只要有了足夠的資料，就能夠使用技術知識來修正身體上的任何問題。替代的人體

＊譯註：Messenger RNA，又稱「信使RNA」，是一種攜帶DNA訊息，再經過轉譯作用合成功能性的蛋白質。簡單來說，基因是DNA分子組成的雙鏈用來控制遺傳的，而mRNA就是在DNA複製過程中的「媒介者」。

可以從頭開始製作，然後利用手術方式運作，涵蓋的領域有：義肢與機器四肢領域，人工組織與器官領域，人工荷爾蒙領域。

這兩種思想派別都有初步的進展，並點燃了數百萬患者的一線希望。然而，兩方的研究展望實在太脫離現實了，不太可能在短時間內澆熄市場上對人體組織的需求。

比方說，每年都有幹細胞以及數百件奇蹟軼事發生並被報導，可是卻從未有重大的突破。

二〇〇六年，在清奈某間通風的混凝土病房裡，一名七十歲的糖尿病患者瓦茉・卡塔夏斜倚在病床上。我隨同蘇伯拉瑪尼揚（S.R. Subrammaniyan）醫生進入她的病房，她露出微笑。醫生穿著領尖扣在襯衫上的藍色襯衫，以及燙得平整的白色實驗袍。卡塔夏說，要是沒有醫生的幫助，自己肯定再也不能走路了，而我此行就是為了記錄她的復原狀況。該年早些時候，她注意到腿上有一個大小如針孔般的小割傷，還以為會自然痊癒。沒想到幾個星期稍沒留意，傷口就擴散成敞開的潰瘍，從腳跟一直延伸到小腿肚，整整二十二英寸長。

這類的腿部潰瘍在糖尿病患者身上很常見。糖尿病愈來愈嚴重時，四肢的動靜脈會開始萎縮消失，因此，原本看來不嚴重的傷口，就會變得難以復原。小傷口就有可能會

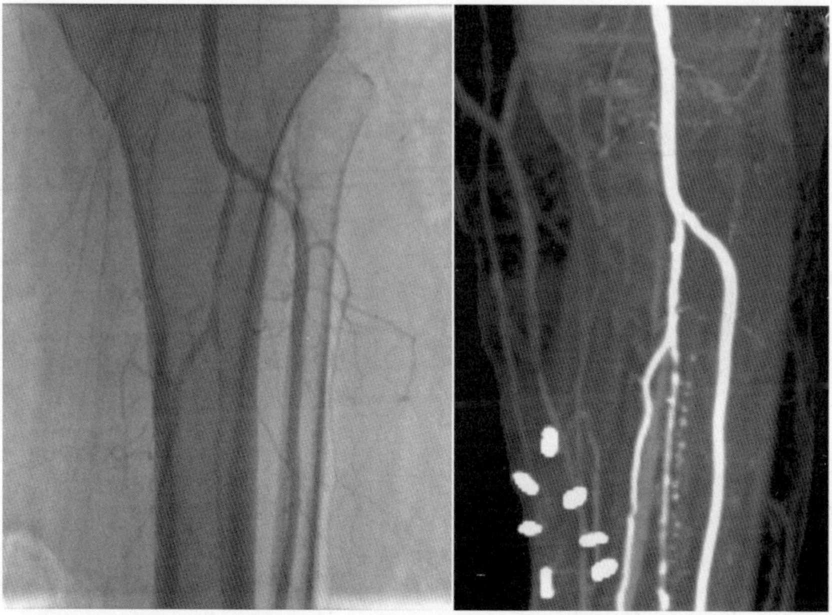

這是瓦茉・卡塔夏的血管造影照片，影像顯示了她接受印度清奈實驗性的幹細胞療法後的腿中血管狀況。腿中已長出新血管，亮白色的條痕就是新的血管。要是療法沒有成功的話，醫師就必須切除她的腿。但此後，並未出現成功案例。

引發大問題，往往也會造成患者永久傷殘。根據美國糖尿病協會指出，美國醫院非創傷性的截肢當中，有百分之六十是潰瘍（如卡塔夏腿上的潰瘍）所致，相當於美國每年有八萬兩千件截肢病例。雖然印度沒有官方統計的截肢數據，但是印度的糖尿病罹患率高過於美國。

然而，卡塔夏不願截肢。她行遍南印度，尋找有沒有醫生可以提供其他的選擇，即使是一線希望也可以。最後，她終於找到了蘇伯拉瑪尼揚醫生，這位醫生前一陣子跟日本某家幹細胞公司合作，該公司打算試驗新種類的幹細胞療法。而卡塔夏除了腿上敞開的大傷口外，身體狀況非常良好，因此是進行實驗的理想候選人。

計畫簡單得令人迷惑，蘇伯拉瑪尼揚從卡塔夏的髖部，抽取富含成體幹細胞的骨髓，然後使用離心機，從普通血液細胞中分離出幹細胞。在接下來的一週，他利用幹細胞製成溶液，注射到她的腿部，並移植一片皮膚，覆蓋在傷口上。

不到六十天的時間，潰瘍已明顯癒合，從治療後所拍攝的血管造影照片中，可看到鮮明的亮白色動脈條痕。在注射之前，她的腿幾乎沒有血液循環可言。幹細胞顯然已經重新建構了大部分已萎縮的循環系統。

蘇伯拉瑪尼揚醫生叫來媒體，不久當地報紙就頌揚這家奇特的醫學中心。不過，儘管大獲成功，蘇伯拉瑪尼揚的解釋卻令人費解，他說：「沒人清楚背後的原理，不知怎的，幹細胞一注射到體內後，就懂得如何轉換成正確種類的細胞。」

對卡塔夏而言，痛苦是已經消失了沒錯，不過，單一的成功故事稱不上是創新的幹細胞療法。我最初為《數位連線》寫文章報導這個幹細胞療法時，美國的醫生還特地叮囑我別過度解讀該項研究結果。

「這是單一案例，而且沒有控制組。」史丹佛大學外科副教授兼糖尿病照護專家傑佛瑞・葛納（Geoffrey Gurtner）在電子郵件裡表示：「我們都知道，在任何的疾病狀態下，有些患者即使沒有接受照護也能夠復原，其背後的原因是我們無法完全了解的。」

接下來三年，我住在離醫院半英里的住處期間，跟該家醫院的醫生們一直保持著聯繫，想看看他們是不是能夠再度成功，或者起碼要更明確地解釋卡塔夏是如何復原的，可是，從來沒有確實的消息可報導。只有醫生持續在人體上試驗幹細胞療法，偶爾發布新聞稿，說癱瘓的患者在注射了跟卡塔夏類似的溶液後，重新獲得了部分的移動能力。我所查看的每一件案例當中，全都看似是一樁樁奇蹟，但結果卻跟卡塔夏的案例不同，幹細胞療法的成效仍舊不明確。

根本的問題在於，多半而言，沒人真的了解幹細胞在治療情境下是如何運作的。理論上，身體懂得自我療癒的方法，幹細胞不知怎地就是知道人體的哪一個部位最需要它們，然後就會去那裡自行修正問題。研究人員多半把自己在療程中的角色視為遞送員。

然而，該項實驗的魅力一看就知。因為如果沒有更可靠的療法的話，那麼那些在外傷事故中受傷的患者，或者受苦於脊椎斷裂或器官衰竭的患者，其實並沒有更多東西可以失去的了。因此，是要追求一絲希望，讓醫生對患者的身體做實驗？還是要無助地受困於沒有好選擇的世界裡？

從清奈往北飛三小時即可抵達新德里，那裡有一位姬塔・施若芙（Geeta Shroff）醫生，她對患者進行實驗性的幹細胞治療，在幹細胞療法領域中堪稱先驅人物。她不太想要了解幹細胞確實的運作機制，只想要試用新方法，然後希望出現良好的成效。對於那些踏遍各地、試盡各種療法卻毫無功效的患者而言，最後能找的醫生就只有她了。實驗室裡的她，熱切地將胚胎幹細胞溶液注射到那些接二連三從世界各地前來的患者，藉以治療受損的脊髓、漸進式神經系統疾病以及末期的患者，每次的治療費用為兩萬至三萬美元不等。

西方國家的科學家因為受到法規的箝制，所以很少有科學家會未先經過數年動物試驗與毒性測試，就急於利用實驗性的幹細胞雞尾酒療法來治療患者。不過，印度並沒有法律規範，這使得施若芙的研究方案擁有了少許的自由度。此外，臨床試驗產業也正方興未艾。患者明確表示，施若芙已經解開了幹細胞的祕密。可是，她不願意讓許多人進去看她的實驗室，對於失敗率，也未曾透露過隻字片語。

究竟施若芙只是個想賺錢的專家，還是技術的先驅，根本無法得知。由於她並未發表研究成果的論文，便逕自發布種種引人注目的治療成功案例，使得她的實驗室更是惡名昭彰。迄今，還沒有一位受人敬重的科學家能夠仔細審查她的作法。在這其中，德里記者姆里杜・庫勒（Mridu Khullar）已經密切注意施若芙的工作一段時日，還獲得了難得的機會，進入施若芙的實驗室一窺究竟。庫勒發表了一篇有關二十七歲美國女性患者的報導，該位患者罹患慢性萊姆病，二〇〇九年進入診所接受治療。患者回到美國後，顧問醫師宣布，患者的症狀消失了。庫勒在報導中指出，施若芙希望這項療法最後能在藥房裡販賣，還說這項療法有可能是新一代的盤尼西林。庫勒引述施若芙的話：「盤尼西林是抗生素時代的開端，全面改善了世界各地的感染情況。而這種療法的地位就跟盤尼西林很類似。」

當然，風險很大。如果任由幹細胞在患者的血流裡流竄，不去管它，那麼只會有兩種後果：一是發揮治療功效並解決問題，二是任意轉變成別種細胞結構。最嚴重的其中一種狀況就是轉變成畸胎瘤，畸胎瘤是一種會任意突變的腫瘤，最大的特點在於腫瘤內部有時會帶有些許的頭髮和牙齒，若畸胎瘤長在體內不適當的地方，就有可能會致命。

既不清楚幹細胞的運作方式，也不清楚幹細胞是在哪些情況下會轉變成有用的構造，或是哪些情況下會不受控制地擴散，那麼在人體上試驗確實有很大的風險。每一次注射施若芙的雞尾酒療法，有可能就等同於玩俄羅斯輪盤，其結果也如在不知道有不同血型的情況下接受輸血，有時置人死地，有時救人一命一樣。

無法預測幹細胞的去向，會造成很大的風險，因此在聖地牙哥便有一家公司為了降低風險，而把幹細胞分別放到支架裡，藉以精確控制幹細胞在人體內的去向。該公司認為這樣就有可能蒐集到足夠的人類生理機能資料，以期有能力從頭製造出替代的人體部位。這家公司便是生物創新（Organovo）公司，它是一家小小的生技公司，坐落於小型綜合辦公建築物裡，建築物的外觀很像是郊區的帶狀購物中心。生物創新公司使用3D立體印表機，來製作替代器官與組織，日後可手術植入於患者體內。

生物創新公司執行長基斯・墨菲（Keith Murphy）畢業於麻省理工學院，還曾獲得企管學位。他表示，這個產業裡的大多數公司都造成了幹細胞療法退步。「問題在於，他們只想要注射幹細胞，然後就讓幹細胞自行運作。可是，幹細胞進入血流後，大都會在體內任意漂流，沒有人知道它們會漂到哪裡去。」他說，就算沒有危險性，但是如果藥劑沒有抵達醫生期望的地方，就很少醫生會願意公開實驗室裡的臨床結果。

墨菲認為，幹細胞可因應四周環境，轉變成任何一種器官結構，但前提是四周環境必須先傳達適當的信號給幹細胞才行。二〇〇七年，生物創新公司有一個以密蘇里州為據點的夥伴，證實了跳動的心臟細胞放在同一列時，就會以一致的節奏跳動。這項發現證明了，在人工環境下，鄰近的細胞可相互交流，而要印出跳動的人工心臟，人工環境正是必備的先決條件。

不過，就目前而言，器官列印產業只是踏出了一小步。

墨菲要我穿戴手術服、鞋套、口罩、工作帽，接著便帶我進入無菌室。三名技術人員擠在一個長形的金屬裝置旁，該裝置在細胞培養基上方來回移動一只梭子，動作有如噴墨印表機。事實上，這也是印表機，是一種可以把細胞鋪在模子裡的3D立體印表機，最後可建構出替代的靜脈和動脈。我造訪的那天，印表機旁的冰箱裡，兩個卡尺之間懸著一條白色細絲，粗細不超過一條天使髮麵。小小的組織還在成長中，不過，幾天後，細胞就會從列印期間放置的支架上長出來，然後彼此緊密結合。最後，就能夠承受相當於人類血壓的壓力，準備好進行移植。

器官印表機的設計人員看待人體的角度，就有如泥瓦匠看待磚屋一樣。人類有機體十分複雜又相互關聯，不過，終歸來說，人類不過就是一堆細胞堆疊而成。如果有夠詳盡的圖解指出各細胞的位置和類型，那麼精密的機器就能簡單製作出新的人類。或者，換成更實事求是的講法，就是可以視需要印出人類零件。

這些過程的一開始是要先從預期的收受者身上取得細胞物質進行培養，這多半是指骨髓移植，或者是取得肝臟組織切片。然後，這些細胞會在實驗室裡成長，長到有足夠的體積之後，就可以塑造成如油墨團塊般且可供列印的細胞。接著，印表機會沿著預設的圖樣，把每一個細胞放置在正確的位置上，藉以建構組織與器官。二〇一〇年，生物創新公司開始進行動物神經細胞與動脈的試驗，期望在不久的將來能夠進行人體試驗。

相較於幹細胞療法，器官列印似乎有若干明顯優勢，可是要達到真正的成功，還是需要幾十年的時間才行。最困難的瓶頸就在於要掌控每一個身體部位裡存在的各種細胞。墨菲指著一條終有一日會植入老鼠體內的人工血管，然後說：「我明天就可以幫你印出一小塊肝臟細胞，可是截至目前為止，我們在列印肝臟細胞時，還沒辦法同時製造出肝臟內部的血管。」因為若是沒有源源不絕的養分流入，位於中心的細胞就會死去。

但就目前技術而言，要讓血管系統裡的細胞設置就緒並能夠因應人類血壓，必須耗費數天的時間。而如果在完成前就先輸送液體，微小的結構體就會爆裂開來。

墨菲說，現在的主要問題就是要克服技術障礙，讓一個完整的人工部位裡的各種細胞同時成熟。

我問墨菲，他的公司克服眼前困難的可能性有多高。墨菲表示：「唯一的阻礙因素就是投資額。如果政府決定把這件事列為優先，那麼只需要幾年時間，技術就能成熟。」

生物創新公司的狀況跟印度同類公司一樣。生物印表機技術的出現，就表示有可能處理難以解決的問題，不過，若要證明該技術的功效大到足以成為可行的療法，仍有好長的一段路要走。當年生物創新公司首度登場時，網際網路上的各家媒體都紛紛預測，替代器官的時代即將來臨，不過這門科學的進展仍遙遙落後於眾人的期望。墨菲在開口前雖有猶豫，但還是表明，即使有大量的資金投入，要製造出可運作的人工器官，起碼要花上十年的時間。我們甚至很有可能必須等上更久。

或許有一天，人工替代組織、奇蹟的療法、長生不老的細胞株，會是解決全球人體組織短缺問題的關鍵所在；或許有一天，工業生產設施有可能會取代那些剝削人體以求延命的人體市場。我們都想要相信，誠摯的科學企業家會反敗為勝，提供替代方案來解決今日的問題。不過，如果在這些近似科幻小說的情節尚未成為科學事實以前，就把希望全都寄託在上面，那麼究竟要付出何種代價呢？今日，已有一經濟體制提供大量人體組織給付得起費用的患者，而我們看待人體組織的態度，就好像唯一的問題只在於原料的取得。

在每一種人體市場的核心，就是希望另一個人體上所摘取的一點物質多少可改善受贈者的生活。在部分案例中，確實如此。然而，供應問題卻在後頭耐心等待，有如它只不過是另一個可輕鬆克服的技術細節。人們並沒有很想要改變目前的狀況，這是因為大家都認為今日的道德難題在不久之後，就會像是遙遠過去的過時思想。但是，與其活在不確定的未來裡，倒不如探究人體市場供應鏈裡真正的狀況。

鏡頭回到賽普勒斯，我望著考道洛斯從皺巴巴的菸盒裡拿出第五根菸，他把煙深深吸了進去。我們倆在屋頂上，他身旁有一個小冰箱嗡嗡作響，裡頭冰著一些較不重要的生物物質，辦公室沒有多餘空間放這台冰箱，才不得不放在屋頂上。在實驗室裡的某一處，一個低溫冰櫃裡存放了數百個受精胚胎，它們都在等待機會，有一天他會把某批受精卵植入某個女人的卵巢裡。

「沒錯，」他點頭說：「未來是幹細胞的天下。」不過，就現在而言，他還在摘取及販賣胚胎給那些付得起費用的婦女。

印度提魯帕帝廟（Tirupati）的印度教信徒腦袋上所剪下的頭髮，正掛在清奈的架子上晾乾。這一束束的頭髮最後會送到歐美地區，變成假髮和編髮。

## 第十章

# 黑金

服務員從舊式的銀行櫃員窗口往外迅速瞥了一眼，把我們的鞋子放到一大摞共有一千雙之多的鞋堆裡。在這裡，沒別處可出去，再也不需要鞋子。一大群散發出強烈氣味的人流，推擠著我穿越一道道的鍛鐵門，我在碎裂的混凝土地面上跌跌撞撞前行，從入口處的破爛地板，進入了內殿清涼潔白的瓷磚地。人群有如牛群般推來擠去，我一小步一小步地向前走，花了十五分鐘才走到亭子處，亭子裡穿制服的男人遞給我一張紙票卡，上面印了條碼和巴拉吉神（Venkateswara）——毗濕奴神（Vishnu）的化身——的圖像。接著，我又走了數英尺，碰到下一位職員，他穿著帶有污漬的棕色襯衫，遞給我兩把剃刀片，一把是剃頭的，另一把是剃鬍的。

成群的男女沿著寬廣的階梯走下去，階梯平台上濕漉漉的，溫水和一團團黑髮結成的毛球混在一起。空氣潮濕，充斥著討人厭的椰子油味。階梯尾端是鋪了磁磚的寬廣空間，樣子像是遭人棄置的奧運會游泳設施，在那裡，一長排又一長排的男人面對著沿牆設置的磁磚長椅（婦女會被帶到另一個房間）。中心處擺置了四個巨大的鋼桶。

我的票卡號碼是MH1293，等找到牆上相符的標誌後，我跟約莫五十個敞著胸膛、下半身裹著黑色紗龍的男人一起排隊。排在隊伍最前頭的香客保持鞠躬的姿勢，一個拿著摺疊式剃刀的理髮師快速剃去香客的鬈髮，理髮師心滿意足。他抬頭一看，便看見了我，接著叫我過去。他腰間繫著一塊破布，遮掩底下穿著的白色條紋四角短褲。顯而易見，他並不是大師，只是替神聖蜂巢工作的工蜂。

我就定位，他把我的刀片裝在剃刀把手上，然後說：「開始祈禱吧。」我試著回想神的臉孔，卻連沉思的時間都沒有，那男人硬把我的腦袋往下壓，然後從我的頭頂開始剃起，手法熟練，有如牧羊人在剃羊毛。他心滿意足，抓住我的下巴，把一根拇指插入我的嘴裡，準備剃掉我的鬍子。我望著自己的棕色頭髮一團團掉落，掉進了地面上一堆堆深色的濕髮裡。

排在我前面的那個鬈髮傢伙，現在已經腦袋光禿禿，頭皮上有一些小傷口，幾條粉紅色的血液流過他的背部。他望向我，露出大大的微笑。

「巴拉吉神會很高興的。」他的妻子在另一個房間獻髮，夫妻倆會一起回到村子，而剃髮這個謙恭和奉獻的象徵，將獲得村民們的讚賞。穿著一襲藍色紗麗的女人一閃而過，她把我的頭髮從地上鏟進桶子裡。桶子一滿，她就踮腳，把桶子裡的頭髮倒入其中一個高大的鋼桶裡。等到一天結束，四個大鋼桶全都會裝滿頭髮，準備送往拍賣台。

歡迎來到印度安德拉邦斯里提魯瑪拉廟（Sri Tirumala Temple）的卡里亞那卡塔（Kalyana Katta）剃髮中心，這裡是世界最賺錢的人髮交易的起源點。在這裡所蒐集到的頭髮會提供給產值高達五億美元的美髮業，這些真正的「特級」印度頭髮經編製後，將會賣給想要長直髮的婦女，大多數為美籍非裔。目前全球人髮市場的銷售額逼近九億美元，而且這還不包括美髮沙龍收取的裝戴費。

追求高檔品味外表的女性向來很清楚自己要的是什麼，而這種特級頭髮便稱為雷米髮（remy），雷米髮也幾乎已經等同於是從印度來的頭髮。頂級美髮沙龍對雷米髮的評價很高，這是因為雷米髮是採一刀剪斷蒐集的，可保留頭髮如瓦片般排列的外層方向，也可一併保留頭髮的強韌度、光澤和觸感，這就是雷米髮的特色，因此它的要價很高。頭髮從虔誠信徒的腦袋上剪下，經縫製後，戴到美國追求時尚人士的頭上，這一段旅程也算是人體市場供應鏈，只是跟其他的人體市場並不一樣。起碼在人髮市場裡，利他主義、透明度和商業化達到完美的平衡，因此毫無黑市可言。

因為提魯瑪拉的名字曾出現在古老的印度史詩《摩訶婆羅達》（*Mahabharata*）裡，因而被認為是聖地，每年都有來自南亞各地的五萬香客前來朝聖，向神明祈求願望。除了捐香油錢外，每四人當中還會有一人捐出自己的頭髮，然後那些頭髮會被送往市場之神那裡，據報每年可賺得一千萬至一千五百萬美元。廟方誇口說，如果把捐贈的頭髮包括在內的話，收到的錢會比梵蒂岡還要多。雖然我對這句話存疑，但不管實情如何，廟方已經宣布計畫要在內殿的牆上貼金片。賣髮獲得的利潤則用於資助廟宇計畫及救濟窮人。

基本上，印度的頭髮會賣到兩種截然不同的市場：大部分的頭髮，也就是從像我這樣的短髮男人頭上所剪下的頭髮，每年約有五百公噸是被化學公司買去了，化學公司利用這些頭髮製作肥料或胱胺酸（一種讓頭髮強韌的胺基酸），也可以製成烘焙食品及其他產品用的添加物；利潤較高的女香客頭髮——廟方人員稱為「黑金」——會綁成一捆一捆的，送到剃髮中心的頂樓，穿著廉價印花紗麗的女性俯身處理一小堆一小堆的頭髮，按照頭髮長度分類。每個人出去的時候，都要讓一名持槍警衛搜身檢查，沒有人能夠把一束珍貴的頭髮給挾帶出去。

人髮含有各種分泌物，有汗水、血液、食物碎屑、蝨子，還有許多印度人用來當作潤髮乳使用的椰子油。二十一公噸的頭髮全都放在一個充滿黴菌的房間裡，簡直是臭氣沖天。一名長髮緊緊梳成辮子的志工，似乎在對我微笑，不過，她的臉上繫著一塊布遮住口鼻，所以或許是在苦笑也說不定。那些婦女工作時，我專注看著，一束束的黑髮好像自己在跳躍扭動似的，突然間，一隻將近一英尺長的老鼠從一堆頭髮裡跑了出來，跑到房間另一端的一堆帆布袋裡。真是難以想像，這一大堆臭得要命的頭髮當中，將來有一些會成為美國明星頭上的裝飾。

廟宇信徒的頭髮之所以能化為美麗的配件，是從一件微不足道的小事開始的。一九六〇年代初期之前，提魯瑪拉廟一律把信徒捐出的頭髮燒掉，但由於污染的緣故，因此印度政府在一九九〇年代便禁止寺廟燒髮。不過，那時提魯瑪拉廟已經發現了有利潤更高的方式可以處理頭髮，因為假髮製造商開始向提魯瑪拉廟取得頭髮原料。一九六二年，提魯瑪拉廟首度舉辦拍賣會，一公斤的頭髮賣出十六盧比，相當於今日的二十四・五美元。如今，拍賣價已增加至十倍，拍賣會有如割喉戰。

為了親眼目睹，我開了數英里的路，前往熱鬧的提魯帕帝鎮（Tirupati），這是提魯帕帝廟的行銷部門經營一系列裝滿待乾頭髮的倉庫。在拍賣大廳裡，代表四十四家公司的印度交易商聚集在幾張桌子旁，準備在複雜的祕密協商過程中投入數百萬美元。「人髮生意跟其他生意不一樣。」夏巴內沙（Shabanesa）人髮出口公司老闆維傑（Vijay）如此表示，他跟許多南印人一樣，只有單名。「其他的生意是買商品容易，賣商品給零售商很難。在這裡，恰好相反，賣頭髮很簡單，買頭髮很難。」

印度人髮貿易跟其他人體市場的相似點在於，原料同樣難以取得，整體而言屬於稀少的資源。雖然提魯帕帝廟為了容納每天數千名的捐髮信徒而興建了數棟建物，但是那種為了從充沛的供應量中獲取更多利潤而向信眾募髮之事，廟方是不會做的。捐髮的男女是以神之名捐獻的。人髮市場跟其他人體市場有一個很大的差異處，就是人髮終歸是廢物，而近來的人髮交易營造了人髮市場的價值（這種說法也可套用在其他人體部位上，以前還沒有尖端醫療技術可以進行腎臟移植手術的時候，根本沒有腎臟市場）。

因此，在大量販售時，頭髮是唯一能被視為一般商品看待的人體組織，是以秤重的方式買賣，不會被看成是含有重要生物史的特定實體。在人體原料市場中，唯有人髮交易能讓純粹的利他主義運作無礙。然而，這並不代表人髮賣家不會為了利潤爭論不休。

因為在拍賣會上，我很容易就能察覺到緊張的情勢。廟方堅持價格要比去年高才行，交易商則擔心全球經濟危機會衝擊到假髮市場。夜已經過了一半，此時印度最大的頭髮經銷商——即古普塔（K. K. Gupta）經營的古普塔企業（Gupta Enterprises），二〇〇八年銷售額高達四千九百萬美元——指控廟方試圖制定過高的價格，氣得走了出去。古普塔花了一小時的時間，在停車場裡打電話並威脅要告訴報社，經商定後，價格終於稍微變低了。然後，另一名經銷商此時卻大聲指控古普塔試圖壟斷市場，最後不得不仰賴一名強壯的投標者居中斡旋，免得雙方互毆。

三小時後，已近午夜，最長最耐用的產品之價格落在每公斤一百九十三美元左右

（有人跟我說，比去年價格低七十美元）。接下來幾天，卡車就會運送頭髮至分銷商處，那裡會施展煉金術，把人體廢物化成奢華商品。

距離拍賣地點約莫八十五英里處，就在清奈這座沿海大城郊區的一座工業廠房裡，印度重量級頭髮出口商拉吉進出口（Raj Impex）公司董事長喬治・丘里安（George Cherian）正等待貨物抵達。員工必須檢查頭髮有無蝨子，大費周章鬆開糾結的頭髮，在放了清潔劑的大桶裡清洗頭髮，然後梳順，確保頭髮符合出口品質。丘里安說：「我們這行真正的價值就在此時此地，我們要替頭髮分級，讓頭髮從廢物變成漂亮的商品。」他拉出一把柔順光滑的頭髮，尺寸有如短馬鞭。他說，國際市場上的賣價是十五美元。

丘里安又說，印度境內所賣的頭髮大都不是剃髮得來的，而是來自垃圾桶、理髮店的地板、長髮婦女的梳子。游牧家庭和小商家會挨家挨戶拜訪，用髮夾、橡皮筋、廉價飾品來換頭髮。丘里安表示：「印度各地從事分類與蒐集產業的數萬人，都是靠這種工作維生。規則很簡單，雷米髮賣到美國，其他的賣到非洲。」

丘里安在儲藏室裡向我展示四百公斤的雷米髮，全都包裝成一箱一箱的，即將送往世界各地的城市。他的倉庫另有數公噸的頭髮，準備要出貨。丘里安表示：「需求量很大，不過，我認為除了印度人以外，沒人能夠做這行。我們之所以能生存下來，就是因為勞力便宜。義大利和加州的人不可能用更低的成本來整理頭髮。」

我問丘里安，知不知道雷米髮以外的頭髮產業。丘里安建議我去找一群住在清奈北方鐵軌附近的吉普賽人。不過，他告訴我，如果想要趕上他們的話，一定要提早出發。

上午八點，我駕駛黑色現代Santro轎車，穿越市區狹窄的街道，匆忙往北開。坐在我旁邊的是丘里安的代理人達莫哈朗（Damodharan），他負責跟吉普賽人接洽，大量購買他們的產品。在昔日為鐵路工人聚落的附近，他要我往旁邊的泥土路開去，於是我們轉進了一片貧瘠的荒野。不過，當我仔細一看，便看見陰影下有一群人蹲坐在小火堆旁邊。達莫哈朗跳出車外，拉我去見拉吉。拉吉是一位身材瘦弱的二十多歲男子，腦袋上是一頭濃密的黑色短髮。我跟他說，我想要知道賣頭髮的事情，他露出大微笑，走回自己的帳篷裡，在一個看似用來排水的大管子裡翻找。接著，他以誇張的動作，拉出一個巨大的塑膠袋，帶過來給我。

我好奇地仔細檢查，他展示了又黏又油的黑髮毛球，大如枕頭。他說：「幾乎所有地方都能找到頭髮。」早上的時候，他會背著大帆布袋，去巷弄裡翻垃圾桶，或在路邊找。他說：「大家都直接把頭髮丟掉，有的時候，如果有人特別把頭髮保留下來給我們的話，我們就會跟對方交易。」拉吉把被人丟棄的非雷米髮蒐集成一整袋，達莫哈朗會付給拉吉八百盧比（二十美元）買下來。

非雷米髮送回拉吉進出口公司的工廠，工人會梳開數千團可怕的頭髮毛球。等頭髮分開後，工人就會再把頭髮捆成一批一批的，縫在布條上。處理非雷米髮需要大量的勞力，可是獲利程度只有雷米髮的三分之一。如果頭髮夠長，就會變為成本價的假髮，不夠長的頭髮會變為床墊填充物，或煮成食品添加物。不過，頭髮經銷商握有多達數十萬公噸的頭髮，自然可以找到方法從中獲利。人髮市場正如其他商品市場，廉價人髮的供應量充沛的話，自然會有人找到方法加以利用，刺激其他地方的需求。

品質最佳的頭髮會由清奈送往世界各地幾乎每一家美容院和美髮沙龍，不過，正如前述，要說送往哪個地方可以賺到最高的利潤、受到最熱烈的歡迎，當屬主要為非裔美籍族群的社區了，那些顧客喜愛印度頭髮黑色的豪華色澤和筆直的線條。其中一處地方就是布魯克林區諾斯特蘭大道的剪藝室（Grooming Room），諾斯特蘭大道上有一堆美容店，幾乎好像是特別把這條路規畫成美容區似的。剪藝室是由蒂芬妮・布朗（Tiffany Brown）經營，她是髮型界的權威。週五，我首次跟她會面，她的髮型是剪齊的劉海，以及長度到下巴的鬈髮。週六，她的樣子完全不同了，頭髮緊貼著頭顱向後梳成長度僅一英寸的馬尾。到了週日，她或許會戴上有魅力的長髮，長髮在背部如瀑布般傾瀉而下。布朗之所以能如變色龍般改變髮型，訣竅就是拉吉進出口公司這類工廠所製造的雷米髮。

「雷米髮是必備的配件，就像耳環或項鏈那樣。雷米髮可以讓我一整天都變成我想要成為的人。」她如此表示，她的客戶也有同樣的感覺，每個月花四百美元左右維護假髮，少數人則會花上數千美元。在剪藝室等美容店以及那些可能會支付一萬美元以上買一頂假髮或編髮的名人之間，市場上對於印度頭髮的需求幾乎一直不變。不過，一個名為thelookhairandmakeup.com的供應商則在部落格不以為然地表示：「買廉價的頭髮，就會有廉價的髮型。」

「唯一值得買的頭髮就是雷米髮。」布朗的其中一位客戶如此表示，她的頭髮上了大髮捲。「他們說，那是從處女的頭上剪下的。」當然，這種說法並不正確，編在她腦袋上的頭髮是以神之名，基於謙恭和利他的心態而剪下的，最後卻進入美國，成為增加魅力的最明顯飾品。

這張相片的原始說明文字如下：「墓園裡，許多古老的骨頭已從地底下掘出，解剖研究用的原料數量充沛。相片中的學生是來自蒙大拿州布特市的羅莉塔・哈代斯蒂。」這張相片刊登在1947年1月4日當期的《生活》雜誌。（感謝胡安古茲曼遺產管理公司〔the Estate of Juan Guzman〕提供）

後記

# 羅莉塔・哈代斯蒂之頌

一九四六年接近尾聲之際，在墨西哥聖米吉阿延第（San Miguel de Allende）的某座墓園裡，一位二十多歲的女性穿著及踝長裙以及繡了鮮豔花卉圖案的襯衫，正在畫架上的畫布畫著油畫。墓園裡有一些破舊的木頭十字架，那些十字架的現狀只不過比爛木板好上一些，十字架以怪異的角度從鬆散的土壤中凸了出來，地上四處散落著一堆堆的人骨。股骨、肋骨和無牙的顱骨，紛紛從鬆散的土壤裡露了出來，亂成一團，完全無法辨認哪些骨頭是屬於哪個人的。兩個小男孩望著那女人用炭筆在畫布上素描著這幅可怕的景象，她就是羅莉塔・哈代斯蒂（Loretta Hardesty），原籍是美國蒙大拿州布特市，她遊歷美國邊境的南方，在墨西哥的藝術學院攻讀藝術。

幾英尺外，一位德國出生的攝影師，他逃離家鄉的迫害，改名為胡安・古茲曼（Juan Guzman）這個墨西哥名字。他把鏡頭對焦到此情此景，拍下了一系列的相片，其中一張相片就刊登在一九四七年一月四日當期的《生活》雜誌。

該篇報導文章大獲成功，使得當時原本只有五十位美國學生的藝術學院，翌年卻收到了六千多份的入學申請書。該篇報導文章吸引了新一代的美國兵，那些人覺得在美國家鄉只能勉強糊口，可是墨西哥生活費便宜，還能畫顱骨和裸體像，生活實在愜意多了。這還是該間藝術學院首次不得不回絕掉一些申請書。

該間藝術學院至少需要兩種人體：第一種是活生生的學生，能用第一世界鈔票支付學費；第二種是當地人的屍體，無意間成為了解剖素描用的原料。《生活》雜誌裡的相片之所以引人注目，並不是因為描繪了恐怖的罪行，而是因為頗具衝突感的並置畫面——一位年輕漂亮的女人竟身處於人骨散落的墓地。學藝術的學生並不在乎人骨是怎麼離開墳墓的，他們只在意這些人骨是解剖研究的好主題。這幅影像是每一個曾存在這世上的人體市場之縮影。在這個以人類悲劇做為開端的供應鏈，古茲曼與哈代斯蒂都只是消極的觀察者。

我看著這張相片，不由得忖度巴克斯——我在加爾各答城外碰見的守墓人——要是看到相片，不知會有什麼想法。每晚，巴克斯都會巡邏哈爾巴提村的墓園，心想著自己要是離開這裡，沒看住遺體，不曉得遺體是否會安然無恙？還是他應該要整晚不睡，注意聆聽有沒有鏟子的聲音？他知道盜墓人遲早會再度突襲，但他只有一根竹棍，實在難以阻擋他們。對於哈爾巴提村的村民而言，盜墓這件事根本就沒有中立地帶。

我研究各種人體市場將近四年，對於血淋淋的解剖細節或者摘取人體組織的重大罪行，再也不會感到驚訝。唯一讓我訝異的地方，就是大家竟然只聳了聳肩，覺得一切都很正常，把整個供應鏈視為理所當然。

因為，只要人們確實不知道人體與人體部位的來源，那麼多半會覺得購買人體與人體部位是很自然的事情。理想上，我們購買人類的腎臟時，就像在雜貨店裡購買其他肉類一樣，是用塑膠和保麗龍包裝起來，上面沒有說明是出自哪一間屠宰場。但其實，我們多少都心知肚明，要讓人體進入市場，必定有人得犧牲，可是我們就是不想要知道太多細節。

多數人所認識的人當中，都會有某個人的生命因緊急輸血而獲救，或者會有某個家庭領養了國外的兒童。我們也或許曾碰過那些受益於生育治療的人，或者因器官移植手術而得以延命的患者。我們肯定知道有醫生利用真正的人骨來研究解剖學，我們也服用了那些曾先在人類白老鼠身上試驗的藥物。

這些事情的存在並不壞。一些最重大的科學進展之所以能實現，正是因為我們把人類當成物品對待。人之所以能夠身為人，多半是因為人身為砧上肉之故。人類的生理自我以及有靈魂——因缺乏更佳的概念，故以靈魂稱之——的那一部分，兩者之間難以處理的範疇，我們多半都還算能應付過去。

或許涉及犯罪且不道德的人體市場，遠比合法的人體市場小多了，根據世界衛生組織統計，全球器官移植約有百分之十是在黑市取得。而依經驗來看，這個統計數據似乎也可套用在幾乎所有的人體市場上。

不過，我們是什麼樣的社會，就是取決於我們如何應對百分之十的部分。是成是敗，關係重大。是否要讓血液掮客與兒童綁匪繼續交易，把人們遭受的副作用當作是做生意要付出的代價而予以勾銷呢？第三世界的腎臟掮客普遍橫行，前蘇聯集團的東歐卵子賣家遭受剝削，背後的原因在於全球經濟的不平等，以及我們管理人體市場的方式。是否有可能設立某種體制，大幅減少所有人體市場裡的傷害呢？

減少罪犯人數不僅是法律上的問題，還必須從根本上重新評估自己對於人體的神聖、經濟、利他主義、隱私權等方面長久抱持的信念。我們向來認為人體與人體組織的需求量是一種不變的議題，唯有增加整體供應量才能解決問題，但我們必須揚棄這種觀念。其實，器官、頭髮、兒童、人骨的需求量首先會隨著整體（及意識到）的供應量而有所變化。如果在亞洲地區可任意取得人骨，那麼一定會有人找到方法利用這些人骨。如果有更多的腎臟進入市場，那麼醫生就會認為有更多患者符合腎臟移植的資格。領養機構愈是宣傳孤兒院有一堆孤兒，那麼就會有愈多人去領養兒童帶回家裡。自由市場上的卵子愈多，那麼就會有愈多人飛往他國植入卵子。

需求本身是毫無意義的。改裝車、原子彈、初版《蜘蛛人》漫畫、勞力士手表等的需求量很高，並不表示我們能夠或應當提升整體產量。沒有供應的話，那樣的需求就無足輕重了。

以血液的需求為例。二十世紀上半葉，血液的庫存量高，代表外科醫生可以開發出多種有大幅進步的手術技巧，但是某些宗教團體——以信奉基督教的科學家最為顯著——卻反對任何形式的輸血行為。多年來，那群人對於人血完全沒有需求，因此私人的資金投入於不流血的手術領域，從而在該領域獲得極大的進展。起初，醫生為了達到更高水準的術式，浪費了不少血液；然而，當醫生不能將例行手術的好處擴及到每個人的身上時，不能輸血反倒讓多種可減少手術整體失血量的技術得以問世。

今日，在具備先進技術的歐美醫院裡，許多類型的開刀房手術只需要少量輸血，甚至完全不用輸血。雖然科學還有很長的一段路要走，但是終有一天人工器官也能達到那樣先進的程度，或許能讓活體移植不再適用了。

其次，要建立那種倚賴利他主義做為原料來源的經濟體制，是不可能的事情。在理想的世界裡，沒有人會購買或販賣另一個人類，人道的交換行為一律是基於人們對全體人類的互惠和善意。然而，那樣的世界並不是我們所居住的世界。很少人會出於純粹的善意就捐腎捐卵，或冒著危及健康的風險來參與臨床試驗。雖然我認為人體組織的交易商業化無法阻擋黑市的存在，但是以利他主義做為購買便宜原料的藉口，這種偽善作法顯然無助於多數人的幸福。若販賣自己身體的人獲得的款項很微薄，那麼就只會將販賣人體部位的壓力施加於社會階層較低者身上。

而在國際領養兒童的案例中，利他主義反倒滿足了更不正當的目的。少數的腐敗機構沒有幫助那些已困在孤兒院裡的兒童擺脫困境，卻把應當用於慈善工作的領養費，用來資助犯罪企業。

在理論上、在議院的議員席上，利他主義聽起來很美好，但並非是蒐集與分銷人體的穩定基礎。狀況最好時，利他主義可消除人們供應人體市場的誘因；狀況最差時，利他主義則是利用捐贈者的方便託辭。

最後，只要合法的人體市場沒有達到透明化，黑市就會蓬勃發展。人體或組織的交易要合乎道德，供應鏈就要達到絕對的透明化。

即使是美國最棒的醫院，也幾乎不可能得知腦死捐贈者的身分，捐贈者放棄了自己的器官，讓別人得以活下去。多數的領養機構寧願隱瞞生父母的身分，以徹底保護生父母，免得別人提出令他們不快的問題，而護士與醫生也習慣在官方文件上抹去捐卵者的姓名。雖然意圖往往是崇高的，但是這樣一來，不道德的從業人員未免很容易就能摘取那些迫不得已的捐贈者的器官、綁架兒童賣到領養管道、偷取囚犯的血液、迫使婦女在危險環境下販賣卵子。在每一件案例中，罪犯都能用隱私權做為幌子，保護非法的供應鏈。

去除人體組織的個人身分，是現代醫學最顯著的一大缺點。在這個世紀，我們的目標應該是要把身分還諸於人體組織，並納入供應鏈裡。每一袋的血液應該標註原捐血者的姓名，每一位被領養的兒童應該可以全權查閱自己的個人史，每一位移植器官受贈者應該知道是誰捐贈了器官。

要達到這個目標的話，人們對人體的利用與再利用所抱持的觀念，就必須先有大幅度的改變才行。每一具人體在人體市場裡移動時，都需公開其個人史。人類生來就不是那種本質上可簡化成商業交易品的中性產品，不過，我們無疑都是人體市場裡的顧客。愈快接受這件事實，就愈快能夠改善情況。

因此，購買二手車所採用的標準，應該也要能運用在人體部位的購買上。賣贓車和問題車都屬於違法行為，機靈的顧客在購買二手車前，一定都會先取得事故報告書。如果車子有紀錄，那麼人體也應該要有紀錄。身為養父母的，難道不該去確認有沒有可能找到受領養兒童的生父母？購買卵子植入子宮的婦女，難道不該去查閱捐卵者的家族病史？我們難道不該去了解醫生的櫃子裡掛著的是誰的骨骸？

資訊的透明化無法解決所有的問題。罪犯無疑會偽造文書，捏造新的背景故事，利用創新的方法，隱匿不道德的作法。國際的疆界以及司法管轄權的更動，讓罪犯更易隱藏自己的蹤跡。然而，若有明確揭示來龍去脈的一系列文件，就更容易辨識出危險的掮客。

在一九四六年時，哈代斯蒂冷靜地描繪墨西哥農民四分五裂的遺體，不太在意那些人骨是怎麼跑到墳墓外的。六十多年後的現在，她沒有提出的問題，我希望我們能夠追問下去。

# 誌謝

一位作者的成敗完全取決於編輯，我很幸運，能與業界最有才華的幾位編輯一起合作，他們認真看待我那些半成形的概念，在我從事困難且有時危險的任務期間，提供專業的建議。感謝William Morrow出版社的Matthew Benjamin，他從這本書的初期階段一直監督到完稿，要是沒有他的幫助，本書就不可能出版了。感謝良師益友Ted Greenwald，身為《連線》雜誌資深編輯的他，引領我進入專題報導的領域，向我證明新聞事業確實很適合我。感謝《瓊斯媽媽》雜誌的Mike Mechanic與Monika Bauerlein，他們兩人擁有豐富的資歷，並能給予立即的指引，協助我完成了本書其中三章的內容。感謝Bill Leuders、Sarah Spivack、Jeff Chu積極協助改進我的概念。

感謝Rachel Swaby、Sonja Sharp、Jennifer Phillips，她們分別隸屬於《連線》與《瓊斯媽媽》的事實查證小組，確保本書的內容精確，有時甚至還對整個專題報導進行背景調查，聆聽無數小時的錄音帶，確定大部分原稿裡的直接引述文句正確無誤。

感謝印度、賽普勒斯、西班牙那些表現傑出的現場助理，在他們的協助下，一些最為困難的研究課題都變得比較容易進行了。感謝Divya Trivedi 陪同我前往北印度的四個邦，一探血液農場、代理孕母診所、警察局、激進派營地等。在清奈時，感謝Hassan Mohammed與Sripriya Somashekhar在我訪談腎臟賣家與掮客時擔任口譯。在西孟加拉邦時，感謝Arup Gosh帶領我進入了人骨販子與盜墓人的陰暗世界。在西班牙與賽普勒斯時，感謝Rabia Williams、Lucas Psillakis、Christina Boudylina 協助調查卵子產業的黑暗面。

二〇〇六年至二〇一〇年期間，感謝新聞調查資金會（Fund for Investigative Journalism）和普立茲災難報導中心（Pulitzer Center on Crisis Reporting）慷慨支持我的工作，感謝紐約歐密藝術村的萊迪格寫作之家（Ledig House Writers Retreat）提供短期的住宿。

本書之所以能公開發表，大都要感謝我的前作家經紀人Mary Ann Naples（曾任職於Creative Culture 版權代理公司），她親切告訴我，哪些概念值得繼續研究探討，哪些概念最好降級到非小說文學類的垃圾桶裡。雖然Mary Ann Naples已離職，開始在線上展開新的職涯，但還是把我交給DeFiore and Company裡能幹的Laura Nolan，她負責監督我的作品完成，我期望能與她建立長期的合作關係。

當然，這一路上還有許多人提供建議，並為我開啟大門。我想要感謝以下人士

（排名不分先後）：Jaya Menon、Neha Dixit、Bappa Majumdar、David Sher、Catherine Waldby、Stefanos Evripidou、Rama Rau、Doros Polycarpou、Arun Dohle、Mags Gavan、Joost Van der Valk、Tim Perell、Jason Miklian、Tom Pietrasik、John Wheeler-Rappe、Danielle Anastasion、Anne Yang、Wen-yi、Lisa Ling、Raymond Telles、Marshall Cordell、Katia Backho、國際SOS、伽耶警察局、伽耶醫學院、Joel Guyton Lee、Dan MacNamara、Carolyn Fath、Craig Kilgore、D. W. Gibson。

還要對所有的消息來源說聲謝謝。我在全書中應許多消息來源的要求改了姓名，有的人只願意在匿名的情況下發表意見，有的人是身分遭揭露的話會有危險。

感謝母親Linda Carney和父親Wilfred Carney，感謝妹妹Laura和Allison，感謝妹夫Indira和Govi。我的工作時間很奇怪，家人首當其衝，受到影響。我出遠門從事危險工作時，他們很擔心我，還要閱讀那些不太順暢的草稿內容。

最重要的，我要感謝妻子Padma Govindan，她堅定地陪我度過最黑暗的時光以及最振奮的時刻。我構思出的所有概念都徵詢過她的意見，而我碰到複雜的議題時，她也是我的嚮導。生命中能有她相知相守，是我的福氣。

# 參考書目

Anagnost, Ann S. "Strange Circulations: The Blood Economy in Rural China," *Economy and Society* 35, no. 4（November 2006）: 509-29.

Caplan, Arthur. "Transplantation at Any Price?" *American Journal of Transplantation* 4, no. 12（2004）: 1933-34.

Carney, Scott. "My Stint as a Lab Rat," *Isthmus*, December 12, 2005.

——. "Testing Drugs on India's Poor," *Wired News*, December 19, 2005.

Cheney, Anne. *Body Brokers: Inside America's Underground Trade in Human Remains*（New York: Broadway Books, 2006）.

Cohen, Lawrence. "Where It Hurts: Indian Material for an Ethics of Organ Transplatation," *Dædalus* 128, no. 4（1999）: 135-65.

Cooper, Melinda. "Experimental Labour—Offshoring Clinical Trials to China," *East Asian Science, Technology and Society* 2, no. 1（2008）: 73-92.

Elliott, Carl. *Black Hat, White Coat: Adventures on the Dark Side of Medicine*（Boston: Beacon, 2010）.

Ernst & Young. *Progressions 2006: Capturing Global Advantage in the Pharmaceutical Industry*（New York: Ernst and Young Global Pharmaceutical Care, 2006）.

Fineman, Mark. "Living Off the Dead Is a Dying Trade in Calcutta," *Los Angeles Times*, February 19, 1991.

——. "A Serene, Spiritual Mecca Has Become a Nation of Assassins," *Chicago Tribune*, September 27, 1985.

Goyal, Madhav, Ravindra L. Mehta, Lawrence J. Schneiderman, and Ashwini R. Sehgal. "Economic and Health Consequences of Selling a Kidney in India," *JAMA: The Journal of the American Medical Association* 288, no. 13（2002）: 1589-93.

石黑一雄《別讓我走》（商周，2006）

Khullar, Mridu. "Americans Seek Stem Cell Treatments in India," *Global Post*, October 6, 2009.

大衛・麥塔斯和大衛・喬高《血腥的活摘器官》（博大，2011）. http://www.organharvestinvestigation.net.

Milliman Research Report. *2008 U.S. Organ and Tissue Transplant Cost Estimates and Discussion*（Brookfield, WI, 2008）.

Petryna, Adriana. "Ethical Variability: Drug Development and Globalizing Clinical Trials," *American Ethnologist* 32, no. 2（2005）: 183-197.

Richardson, Ruth. *Death Dissection and the Destitute*（Chicago: Chicago University Press, 2000）.

瑪莉・羅曲《不過是具屍體》（時報文化，2004）.

Sappol, Michael. "The Odd Case of Charles Knowlton: Anatomical Performance, Medical Narrative, and Identity in Antebellum America," *Bulletin of the History of Medicine* 83, no. 3（2009）: 460-98.

——. *A Traffic in Dead Bodies*（Princeton, NJ: Princeton University Press, 2002）.

Scheper-Hughes, Nancy. "The Global Traffic in Human Organs," *Current Anthropology* 41, no. 2（2000）: 191-224.

Sharp, Leslie. *Strange Harvest*（Berkeley: University of California Press, 2006）.

Titmuss, Richard. *The Gift Relationship*（London: George Allen & Unwin Ltd., 1970）.

Virtue, John. *Leonard and Reva Brooks: Artists in Exile in San Miguel de Allende*（Quebec, Canada: McGill-Queen's University Press, 2001）.

Waldby, Catherine, and Robert Mitchell. *Tissue Economies: Blood, Organs, and Cell Lines in Late Capitalism*（Durham, NC: Duke University Press, 2006）.

Wang, Guoqi. "Habeus Corpus," *Harpers Magazine*, February 2002.

Weiner, Jonathan. *Long for This World: The Strange Science of Immortality*（New York: Ecco, 2010）.

# 索 引

國家圖書館出版品預行編目資料

人體交易：探尋全球器官掮客、骨頭小偷、血液農夫和兒童販子的蹤跡 / 史考特.卡尼(Scott Carney)著；姚怡平翻譯. -- 二版. -- 臺北市：麥田出版：家庭傳媒城邦分公司發行, 2017.05
面； 公分
譯自：The red market : on the trail of the world's organ brokers, bone thieves, blood farmers, and child Traffickers
ISBN 978-986-344-447-3(平裝)
1.犯罪行為 2.醫學倫理
548.5 106004760



# 人體交易：
# 探尋全球器官掮客、骨頭小偷、血液農夫和兒童販子的蹤跡

原著書名／The Red Market
作　　者／史考特・卡尼（Scott Carney）
翻　　譯／姚怡平
責任編輯／蔡錦豐
國際版權／吳玲緯、蔡傳宜
行　　銷／艾青荷、蘇莞婷、黃家瑜
業　　務／李再星、陳玫潾、陳美燕、枡幸君
總 經 理／陳逸瑛
編輯總監／劉麗真
發 行 人／涂玉雲
出　　版／麥田出版
台北市中山區104民生東路二段141號5樓
電話：(02) 2500-7696 傳真：(02) 2500-1966
blog：ryefield.pixnet.net/blog
發　　行／英屬蓋曼群島商家庭傳媒股份有限公司城邦分公司
台北市民生東路二段141號11樓
書虫客服服務專線：02-25007718・02-25007719
24小時傳真服務：02-25001990・02-25001991
服務時間：週一至週五09:30-12:00・13:30-17:00
郵撥帳號：19863813 戶名：書虫股份有限公司
讀者服務信箱E-mail：service@readingclub.com.tw
歡迎光臨城邦讀書花園 網址：www.cite.com.tw
香港發行所／城邦（香港）出版集團有限公司
香港灣仔駱克道193號東超商業中心1樓
電話：(852) 25086231 傳真：(852) 25789337
E-mail：hkcite@biznetvigator.com
馬新發行所／城邦（馬新）出版集團
【Cite(M) Sdn. Bhd.】
地址：41, Jalan Radin Anum,
Bandar Baru Sri Petaling,
57000 Kuala Lumpur, Malaysia.
電話：+603-9057-8822 傳真：+603-9057-6622
電郵：HYPERLINK "mailto:cite@cite.com.my" cite@cite.com.my
印　　刷／中原造像股份有限公司
總 經 銷／聯合發行股份有限公司 電話：(02)2917-8022 傳真：(02)2915-6275
初版一刷／2012年03月
二版一刷／2017年05月



ISBN 978-986-344-447-3(平裝)
定　　價／新台幣360元